QUI FAIT L'OPINION ?

Du même auteur

La Démocratie bousculée – Des élections et des crises, Éditions de l'Aube, « Monde en cours », 2023.

Voyage en terres complotistes, Fayard, 2022.

Que veulent les Français ? L'opinion publique dans tous ses états, Éditions de l'Aube, « Monde en cours », 2022.

À qui se fier ? De la crise de confiance institutionnelle, Éditions de l'Aube, « Monde en cours », 2021.

Antoine Bristielle

Qui fait l'opinion ?

Crises démocratiques et nouveaux médias

Fayard

Couverture : ADGP.
Photographie : ©Patrice Normand/Leextra.

ISBN : 978-2-213-72578-9
Dépôt légal : novembre 2024.

Introduction

23 mai 2021. Emmanuel Macron, président en exercice, apparaît sur la chaîne YouTube de McFly et Carlito, deux des plus importants youtubeurs de France, pour se livrer à un concours d'anecdotes, concept phare de cette chaîne. Après plus de trente minutes de jeu consistant à deviner, par exemple, si l'information selon laquelle le footballeur Kylian Mbappé est transféré du Paris-Saint-Germain à l'Olympique de Marseille est vraie ou fausse, les deux stars de YouTube se mettent à faire des roulades dans les jardins de l'Élysée sous le regard amusé du président. En août 2023, cette vidéo avait été visionnée plus de 19 millions de fois.

27 janvier 2022. Quelques mois avant le premier tour de l'élection présidentielle, Cyril Hanouna, animateur vedette de la chaîne de télévision C8, célèbre pour son émission *Touche pas à mon poste* (*TPMP*), organise pour sa nouvelle émission de prime time, *Face à Baba*, un débat entre Jean-Luc Mélenchon et Éric Zemmour, marqué par de multiples invectives personnelles entre les deux candidats. L'émission est suivie par 1,8 million de Français, un score supérieur à de nombreuses émissions politiques classiques diffusées lors de la même période.

24 avril 2022. Au second tour de l'élection présidentielle, Marine Le Pen, candidate du Rassemblement national, recueille plus de 13 millions de voix et 41,5 % des suffrages, des scores jamais obtenus à une élection présidentielle en France pour un parti de droite radicale.

12 juin 2022. Au premier tour des élections législatives, près de 26 millions de Français inscrits sur les listes électorales, soit 52,5 % du corps électoral, choisissent de s'abstenir, un record pour cette élection.

Ces quatre faits d'actualité récents sont loin d'être anecdotiques. Ils témoignent de la transformation profonde des contenus de l'espace politico-médiatique et de la manière dont les responsables politiques y interviennent, mais aussi du rapport entre les citoyens et le système politique.

Ce constat est désormais largement partagé : de nombreuses démocraties occidentales, dont la France, sont touchées par un phénomène de « crise de la représentation politique[1] ». Qu'entend-on par là exactement ? Cette crise se manifeste en premier lieu par l'abstention électorale, en forte augmentation pour tous les scrutins autres que l'élection présidentielle[2], laissant craindre le passage à une « démocratie de l'abstention », dans laquelle un nombre toujours plus important de citoyens se tiendrait durablement éloigné des urnes[3]. Le regain de la participation électorale lors des élections législatives de juin-juillet 2024 n'est finalement que l'exception qui confirme la règle et s'explique plutôt par l'effet de sidération provoqué par la dissolution de l'Assemblée nationale, couplée avec la perspective de voir le Rassemblement national obtenir une majorité absolue.

Cette crise se manifeste ensuite à travers un système partisan profondément renouvelé, notamment à partir de la crise financière de 2008[4], et caractérisé par le succès de partis qualifiés de populistes comme le Rassemblement national et La France insoumise. Rappelons que, au premier tour des élections législatives de juin-juillet 2024, le Rassemblement national et ses alliés ont obtenu plus de 33 % des suffrages exprimés. Or, une caractéristique majeure de ces partis populistes est de remettre en question les principes de la démocratie représentative pour valoriser des formes de démocraties plus directes[5] – positionnement d'ailleurs présenté comme décisif au sein de leurs électorats[6].

On peut par ailleurs identifier dans l'adhésion de nombreux citoyens à des théories complotistes l'une des facettes de cette crise. Il s'agit en effet d'une réalité touchant un nombre très important de citoyens[7] et pouvant avoir des répercussions tangibles dans les périodes électorales[8].

Enfin, et ce phénomène est particulièrement décisif, les démocraties occidentales se caractérisent par un phénomène de polarisation affective. Les citoyens n'ont pas forcément des opinions plus « extrêmes » qu'auparavant, mais leur appartenance à un camp est de plus en plus marquée, ce qui entraîne le rejet systématique des propositions venant d'un autre camp.

Moins de participation électorale, davantage de votes pour les partis remettant en cause – au moins partiellement – la démocratie représentative, adhésion à des thèses complotistes, méfiance et aversion envers les groupes politiques qui ne sont pas les siens : voilà l'état actuel de la démocratie française.

Mais en quoi les médias sont-ils liés à ce phénomène ? Nos façons de nous informer ont-elles une responsabilité dans cette évolution de notre rapport au politique ? La crise multidimensionnelle traversée par nos systèmes représentatifs est-elle favorisée par ce que l'on appelle les « nouveaux médias », ou ces derniers n'en sont-ils que le reflet ?

Répondre à cet ensemble de questions est nécessaire, tant il est essentiel de dépasser les discours habituels faisant, sans réelles investigations préalables, d'Internet et des réseaux sociaux les boucs émissaires parfaits de tous les maux touchant notre société. Prenons le cas des violences urbaines de l'été 2023, à la suite de la mort du jeune Nahel pendant un contrôle de police. Le président de la République avait alors déclaré : « Nous avons besoin d'avoir une réflexion sur les réseaux sociaux, sur les interdictions qu'on doit mettre. Et quand les choses s'emballent, il faut peut-être se mettre en situation de les réguler ou de les couper[9]. » De telles prises de position sous-entendent que les réseaux sociaux sont à même d'avoir des effets majeurs et surtout néfastes sur nos sociétés. Or, supposer cela sans étudier précisément la nature et l'ampleur de ces effets pourrait pousser à prendre des mesures pires que le mal lui-même.

À l'heure où les canaux médiatiques se diversifient et où la cohésion de la société se fragilise, il est essentiel de nous poser collectivement cette question. Celle-ci s'impose à nous, en premier lieu, parce que les manifestations structurelles de la crise de la représentation politique se sont développées conjointement à des évolutions majeures du fonctionnement des médias et de la communication des représentants politiques. Le paysage médiatique et les pratiques de communication se sont en effet profondément diversifiés depuis le milieu des années 1990. Les politiques ne se contentent plus d'utiliser les canaux médiatiques « classiques », comme les interviews à la télévision, à la radio ou dans les journaux papier, mais interviennent également dans des émissions d'*infotainment*, mêlant séquences informationnelles sérieuses et de pur divertissement[10]. Désormais, des émissions comme *Quotidien, Touche pas à mon poste* ou *C à vous* font partie intégrante du paysage audiovisuel français, et les représentants politiques valorisent leurs invitations autant, si ce n'est plus, que les autres. Par ailleurs, Internet et les réseaux sociaux, qui étaient auparavant l'apanage des outsiders de la sphère politique, comme François Asselineau, fondateur de l'UPR, voient désormais leur potentiel exploité par la quasi-totalité des représentants politiques[11]. Il n'y a qu'à observer l'utilisation massive de TikTok par Jordan Bardella lors des élections européennes de juin 2024 pour s'en convaincre. Nous aurons l'occasion de revenir sur ce point.

En parallèle, les pratiques informationnelles des citoyens se sont largement diversifiées. Lors de la campagne pour l'élection présidentielle française de 2022, les données de l'enquête électorale menée par l'institut IPSOS pour le compte du Cevipof et de la Fondation Jean-Jaurès montrent que 31 % des Français se sont d'abord informés par les journaux télévisés, 18 % par des médias en ligne ou via leurs réseaux sociaux, 17 % par les chaînes d'information en continu, 12 % par la radio, 11 % par les émissions d'*infotainment* et 11 % par la presse écrite. Si la fragmentation du paysage médiatique est aujourd'hui largement commentée, la fragmentation de la façon dont les Français s'informent est un phénomène tout aussi structurant, auquel il est nécessaire de s'intéresser pour comprendre les dynamiques à l'œuvre.

C'est pourquoi ce livre s'est fixé l'objectif d'analyser le lien existant entre la crise de la représentation politique sous ses quatre principales dimensions – l'abstention électorale, le vote pour des partis populistes, l'adhésion à des théories complotistes et la polarisation affective – et la modification du paysage médiatique. Pour le dire autrement, les nouveaux *formats* de communication ont-ils transformé les *contenus* médiatiques eux-mêmes ? Et ces contenus sont-ils liés, d'une manière ou d'une autre, à la crise de la représentation politique ?

Ces questions sont celles auxquelles j'ai consacré cinq années de doctorat, qui ont abouti à une thèse soutenue à l'Institut d'études politiques de Grenoble en mars 2024. Il me semblait nécessaire de rendre accessibles au grand public les résultats de cette recherche académique, tant ces questions scientifiques sont également, et peut-être même avant tout, des questions citoyennes. Comprendre la façon dont les médias influencent la société est indispensable pour avoir un regard éclairé sur le fonctionnement de notre démocratie. Ce livre présente donc tous les critères de la rigueur scientifique propre à une thèse de doctorat, mais il permet aussi de rendre compte « de l'intérieur » des évolutions du paysage médiatique. Ces dernières années, j'ai en effet eu la chance d'être invité dans de nombreuses émissions de télévision et de radio, en qualité de directeur de l'Observatoire de l'opinion de la Fondation Jean-Jaurès, pour analyser les principaux faits d'actualité et les évolutions de notre société. Entre 2021 et 2022, j'ai également été chroniqueur dans l'émission *Quotidien* : deux fois par semaine, j'ai décrypté la campagne pour l'élection présidentielle, en essayant d'éclairer les événements politiques grâce à l'apport des sciences sociales. Depuis 2023, je suis devenu chroniqueur pour l'émission *Backseat*, créée par Jean Massiet et diffusée en direct tous les jeudis soir sur Twitch, une plateforme en ligne. Cette expérience des médias classiques, des émissions d'*infotainment* et des réseaux sociaux m'a permis de rendre concrets les éléments que je pouvais analyser en parallèle dans ma thèse. Être un « passeur de sciences sociales », tout en reliant ces éléments académiques à mon expérience dans le monde des médias, est l'ambition première de ce livre. Pour réaliser cet objectif, il est nécessaire de définir clairement le problème auquel notre société doit s'atteler.

La crise de la représentation politique : concept fourre-tout, tournant politique majeur ou situation installée ?

Le concept de « crise de la représentation politique » souffre de trois problématiques majeures.

En effet, dans le champ journalistique, il est fréquemment utilisé comme synonyme de « crise démocratique », alors que, comme nous le verrons, la crise de la représentation politique ne concerne que la crise d'un *certain type* de gouvernement démocratique. Cette distinction est essentielle. Deuxièmement, dans le champ académique, cette notion manque d'une définition précise : c'est un concept fourre-tout. Anne-Marie Cohendet – constitutionnaliste à la Sorbonne ayant largement écrit sur ce thème – le décrit par exemple en ces termes : « dégoût du politique, rejet des politiques, peur de l'Europe, corruption, abstention, votes extrémistes… la démocratie représentative semble être en crise[12] ». Enfin, parler d'une « crise » pour un phénomène dont les manifestations les plus saillantes se donnent à voir depuis plus de trente ans est une gageure, une crise étant normalement un phénomène inscrit dans le temps court.

De notre côté, par « crise de la représentation politique », nous entendons une remise en cause de la légitimité des représentants politiques élus à s'exprimer et à décider au nom de l'ensemble de la population. Cette remise en cause se manifeste de quatre façons différentes et parfois complémentaires :

– Le choix de ne plus participer au processus électoral.

– Le soutien à d'autres formes d'organisation du système politique que la démocratie représentative.

– La croyance dans le fait qu'il existe une coupure irrémédiable entre les représentants politiques et la population.

– Le rejet systématique de tous les groupes sociaux dont l'opinion est différente de la sienne.

Cette définition est suffisamment large pour recouvrir toutes les manifestations possibles de la crise de la représentation politique, mais suffisamment précise pour dépasser l'aspect « fourre-tout » de la formule. On peut dès lors se demander : Pourquoi les démocraties occidentales sont-elles touchées par ce phénomène ?

Le premier élément d'explication généralement avancé, dans la lignée des travaux de Ronald Inglehart[13] – l'un des politistes les plus reconnus de ces cinquante dernières années –, est l'apparition d'un « nouveau citoyen », plus éduqué, qui aurait désormais les compétences suffisantes pour remettre en question les décisions prises par les représentants politiques et n'accepterait plus d'entretenir une culture de « déférence » par rapport à eux. Le politiste français Daniel Gaxie l'affirme également : « L'élévation du niveau d'instruction de la population renforce [...] la possibilité de critiquer l'action des représentants. Beaucoup de phénomènes interprétés comme étant symptomatiques d'une "crise de la représentation" sont des conséquences de cette évolution[14]. » Le principe même de la délégation de pouvoirs serait ainsi perçu avec beaucoup de scepticisme par les générations post-baby-boom, plus éduquées que les précédentes, qui valoriseraient des formes de participation politique différentes, plus individuelles et plus directes (le boycott, les manifestations, le fait de refuser de prendre l'avion en raison d'une sensibilité écologique...) – une tendance largement montrée par Vincent Tiberj dans le cas français[15]. Il n'y a qu'à observer le succès qu'ont eu les marches pour le climat auprès d'une partie de la jeunesse française pour s'en convaincre.

Le second axe d'explications se focalise sur les actions des institutions politiques et leurs retombées sur la population. Si la crise de la représentation politique a été globalement diagnostiquée à partir des années 1980, dans un contexte de ralentissement majeur de la croissance économique et de développement du chômage de masse, cela est loin d'être un hasard[16]. Les citoyens seraient déçus par ce qu'ils perçoivent comme une incapacité des institutions politiques à changer positivement le cours de leur vie. Il ne s'agirait pas d'une remise en question de la façon dont les institutions *fonctionnent* mais de ce que les institutions *produisent*. La crise de la représentation politique serait donc finalement conjoncturelle : parce que les institutions démocratiques représentatives ne sont pas en mesure de répondre aux attentes de la population, elles seraient remises en question par les citoyens. Selon ce point de vue, si les Gilets jaunes placent le référendum d'initiative citoyenne (RIC) en tête de leurs revendications, ce n'est pas en raison d'un amour particulier de la démocratie directe mais à cause de la perception d'une incapacité des représentants politiques à répondre à leurs demandes. La logique première derrière les mouvements pro-démocratie directe serait la suivante : « Si nos représentants politiques ne sont pas en mesure de prendre les bonnes décisions pour nous, alors prenons les décisions nous-mêmes. »

Un troisième axe d'analyse se concentre sur la mutation des démocraties occidentales, passant à l'orée des années 1970 de « démocraties des partis » à des « démocraties du public »[17]. L'institution politique assurant le bon fonctionnement des démocraties représentatives était en effet, jusque-là, le parti politique de masse. Du début du XXe siècle aux années 1970, période caractérisée selon Bernard Manin par un modèle de « démocratie des partis », on pouvait ainsi constater l'inscription durable des individus dans un parti politique déterminé, qui jouait un rôle essentiel dans leur intégration sociale. La vie des militants était structurée par cette appartenance, jusque dans la sphère privée. Un parti était avant tout un réseau de sociabilité ayant pour vocation essentielle de fédérer politiquement mais aussi socialement ses membres. Les travaux de Bernard Pudal[18], Julian Mischi[19] et Michel Hastings[20] sur le Parti communiste français (PCF) et ceux de Frédéric Sawicki[21] sur le Parti socialiste (PS) montrent brillamment à quel point le parti déterminait, au sens sociologique du terme, la vie des individus. Or, la confiance des citoyens dans leurs représentants se serait délitée à mesure que ce rôle de courroie de transmission des partis cessait d'être assuré. Pour résumer, le déclin des partis serait la cause de la crise de la représentation politique.

Si chacune de ces explications est éclairante, toutes laissent cependant subsister un point aveugle : la profonde transformation de l'écosystème médiatique et du rapport des citoyens à la communication politique. C'est dans l'optique d'étudier cette piste majeure qu'il nous faut à présent examiner avec précision les formes concrètes de cette crise, durablement installée.

Les quatre visages d'une crise qui dure

La participation électorale en déclin

Vers une participation électorale intermittente

La participation politique ne se réduit pas à la participation électorale, contrairement à ce que les raccourcis journalistiques laissent malheureusement souvent entendre. Jan Van Deth, dans sa cartographie de la participation politique[22], évoque pour sa part quatre types de participation. Les deux premières sont directement politiques et visent à influencer la production de politiques publiques mises en place par les institutions politiques en général et par l'État en particulier. L'une est « conventionnelle », dans le sens où elle correspond à la forme originelle de participation au sein des démocraties représentatives : il s'agit de l'élection des représentants politiques chargés de gérer, pendant un mandat déterminé, les affaires de la Cité. L'autre est « non conventionnelle », dans le sens où elle vise toujours à influencer le cours des politiques publiques mais sans passer par l'intermédiaire des représentants politiques. Il s'agit par exemple de manifestations ou de la signature de pétitions. Les deux autres formes de participation ne sont pas directement tournées vers les institutions politiques mais cherchent à régler des problèmes rencontrés par la société. La première se situe dans une perspective collective – rejoindre une association, par exemple –, quand la seconde est plus individuelle – boycotter certains produits.

On constate par ailleurs un glissement : la participation électorale déclinerait au profit d'autres formes de participation. C'est ce que Pierre Rosanvallon nomme le passage d'une « démocratie d'élection » à d'autres formes démocratiques : l'expression, l'implication et l'intervention[23]. Dès les années 1990, Ronald Inglehart[24] notait déjà que nous assistions à une transformation importante avec l'avènement d'un nouveau citoyen « critique » ne considérant plus que la participation électorale soit suffisante, mais aspirant à des formes plus individuelles de participation politique ; un citoyen cherchant à « diriger les élites » davantage qu'à être dirigé par elles. Ce glissement se perçoit extrêmement bien dans le cas français grâce aux travaux de Vincent Tiberj[25]. Les jeunes générations actuelles participent de manière beaucoup plus intermittente aux élections – deux tiers des 18-24 ans se sont par exemple abstenus lors des élections européennes de juin 2024 – mais valorisent beaucoup plus la démocratie directe que la démocratie représentative. Dans ces conditions, la donne est claire : la participation électorale recule considérablement au cours du temps, en dehors de l'élection présidentielle qui demeure son dernier temps fort[26] et de circonstances exceptionnelles comme les élections législatives anticipées de juin-juillet 2024. Il faut toutefois dépasser ce simple constat et en tirer toutes les conséquences, soit, en premier lieu, l'érosion de la légitimité des institutions politiques.

Quand la participation électorale ne permet plus de légitimer le système représentatif

La baisse de la participation électorale pose un problème majeur aux démocraties représentatives. Comme le dit Dominique Schnapper : « L'élection [...] est centrale dans la conception de la démocratie représentative puisqu'elle est la procédure, le moyen par lequel le consentement ou le système d'obligations réciproques est organisé. La sélection des gouvernants et leur contrôle par l'élection suivante organisent dans les faits la réciprocité des obligations et des engagements entre les gouvernants et les citoyens[27]. » En d'autres termes, le pacte démocratique passe par l'élection de représentants politiques. C'est un point central en théorie politique, que l'on retrouve dans les ouvrages de Hanna Pitkin[28], de Bernard Manin[29] ou de Pierre Rosanvallon[30] : le système représentatif repose avant toute chose sur l'élection de représentants et la légitimité de l'élection tient à la participation électorale. Plus les citoyens se détournent des urnes, plus les représentants élus reposent sur un socle électoral affaibli et plus les décisions qu'ils prennent souffrent d'un problème de légitimité. Rappelons à titre d'exemple que Martine Aubry a été réélue en 2020 maire de Lille avec le vote de seulement 6,5 % des Lillois.

Ce n'est donc pas une surprise si les crises sectorielles qui ont récemment touché la France se sont liées à des critiques du fonctionnement de la démocratie représentative : le mouvement des Gilets jaunes, parti de la contestation d'une taxe sur les carburants, a vite eu pour revendication fédératrice le RIC[31], procédure devant permettre de faire la loi sans le concours de représentants élus. De la même manière, les contestations des mesures sanitaires pendant la crise de Covid-19, comme les confinements ou le port du masque obligatoire, ne portaient pas tant sur les mesures en elles-mêmes que sur la légitimité de ceux qui étaient amenés à les prendre[32]. Lorsque l'élection de représentants ne repose pas sur une base suffisamment large, l'impopularité dont ils pâtissent est largement corrélée à cette absence de légitimité des politiques publiques. C'est notamment ce que permet de penser l'ouvrage de Nicolas Sauger et Émiliano Grossman, *Pourquoi détestons-nous autant nos politiques ?*[33], qui pointe d'ailleurs du doigt la spécificité des institutions françaises et de l'élection du président de la République au scrutin majoritaire à deux tours. La faible assise électorale de premier tour du président élu maximise les effets de défiance et se cumule avec la baisse de la participation électorale. Rien d'étonnant donc à ce que la France soit, au niveau européen, dans le bas du classement en termes de confiance institutionnelle[34].

Le succès des partis « populistes »

Comme évoqué, la seconde manifestation de la crise de la représentation politique concerne le vote pour les partis qualifiés de « populistes », un qualificatif soumis aux débats qu'il est essentiel de définir.

Étudier le vote pour les partis populistes nécessite quelques précautions, tant le terme est décrié. Deux raisons principales expliquent ce scepticisme. Tout d'abord, une partie du monde de la recherche remet en cause la pertinence de ce concept qui aurait tendance à invisibiliser les catégories traditionnelles de la science politique, et donc l'opposition classique entre gauche et droite, ou des concepts mieux définis tels que la « droite radicale[35] ». Cela serait d'autant plus problématique que le populisme est – comme nous allons le voir – une « idéologie fine », moins cristallisée et plus « gazeuse » que les idéologies existantes. Ensuite, plusieurs auteurs critiquent le fait qu'il existerait une « mode populiste », notamment dans les discours médiatiques et politiques, qui consisterait à utiliser cette notion comme un corollaire de la démagogie dans le but implicite de disqualifier certains opposants politiques[36].

Si ces critiques s'entendent, nous soutenons pour notre part que ce concept est totalement pertinent, en particulier lorsque l'on étudie la crise de la représentation politique, tant il se lie aux transformations politiques des sociétés occidentales. Cette position nécessite toutefois de définir précisément ce que nous entendons par populisme.

Trois concepts fondamentaux permettent d'en donner une définition « minimale » : le peuple, l'élite et la volonté générale[37]. Tout d'abord, le populisme construit une vision idéalisée du « peuple », un groupe politique homogène formé autour de symboles culturels, ethniques ou socio-économiques. Il simplifie ainsi la diversité de la société en une entité uniforme. Le populisme oppose ce « peuple » à une élite perçue comme corrompue et oppressive, dépeinte comme un groupe tout aussi homogène, une oligarchie ou une caste détenant le pouvoir politique, économique, culturel et médiatique. Le troisième élément est la notion de « volonté générale », sous-tendant que le pouvoir politique devrait émaner directement de cette volonté du peuple. Par ailleurs, en tant qu'« idéologie fine », le populisme ne proposerait pas de vision totalisante du monde, à l'opposé d'idéologies plus classiques comme le libéralisme ou le communisme. Dès lors, nous serions en présence d'un populisme de gauche « inclusif » et d'un populisme de droite « exclusif », entre lesquels la ligne de fracture reposerait principalement sur la définition du peuple. Le populisme de gauche se ferait le représentant du peuple dans sa globalité, entendant notamment défendre les groupes minoritaires et opprimés, quand le populisme de droite aurait une vision idéalisée et culturelle du peuple, défini comme un « peuple *ethnos*[38] ».

Cette ligne de fracture entre un populisme de gauche et un populisme de droite radicale et nationaliste se perçoit aujourd'hui très bien entre La France insoumise et le Rassemblement national. Pour LFI, en effet, l'opposition structurelle dans la société se fait entre le peuple – dominé – et les élites économiques – dominantes –, sans qu'il existe de moyen de distinguer les éléments constitutifs du peuple les uns des autres. Cette opposition entre « dominants » et « dominés » a d'ailleurs permis à une partie de la gauche radicale européenne de renouveler son discours et son positionnement en tenant compte des mutations socio-économiques et culturelles des sociétés occidentales au XXIe siècle[39]. Pour le RN, au contraire, toutes les parties du peuple « ne se valent pas ». Il n'y a qu'à rappeler par exemple la proposition largement commentée lors des élections législatives d'interdire certains postes clés aux Français binationaux.

On peut penser, comme Cas Mudde et Cristobal Rovira Kaltwasser, que le populisme serait lié à la crise de la démocratie dans la mesure où les partis populistes ont pour but, et peut-être même pour but premier, de réformer la démocratie : « les populistes critiquent les mauvais résultats des démocraties et pour répondre à ce problème, font campagne pour une modification des règles démocratiques[40] ». Leur raisonnement est le suivant : puisque les régimes démocratiques sont source d'insatisfaction, en lien avec les politiques publiques proposées, et ce, peu importe l'alternance politique et qui est au pouvoir, l'idée est alors de modifier en profondeur les règles du jeu en remettant en question le pouvoir laissé à des élites politiques soupçonnées de n'agir que dans leur intérêt propre. En cherchant à contester ce qui constitue initialement le mécanisme central de la démocratie représentative – le fait que des dirigeants élus soient à l'origine de la production des politiques publiques –, les partis populistes menaceraient ainsi clairement la démocratie[41].

Or, l'idée que le populisme ferait peser une menace sur la démocratie n'est pas partagée par d'autres chercheurs. Pour Ernesto Laclau par exemple, il serait erroné de considérer que les formes actuelles de démocraties libérales – et donc représentatives – correspondent à l'ensemble des formes pouvant être prises par la démocratie[42]. Au contraire, le populisme, en situant l'expression de la souveraineté populaire au centre de son argumentaire, consisterait en une revitalisation de la démocratie, la souveraineté populaire étant, pour Chantal Mouffe, « la colonne vertébrale de l'idéal démocratique[43] ». Ces auteurs invitent à développer une vision beaucoup plus extensive de la démocratie, en considérant que les formes directes de participation font bel et bien partie du spectre démocratique, voire en sont l'essence même. En ce sens, les partis populistes ne seraient pas automatiquement un danger pour la démocratie au sens large, mais uniquement pour la démocratie représentative[44]. La « radicalisation de la démocratie » théorisée par le populisme de gauche serait ainsi une sorte de *dépassement* de la démocratie représentative, mais pas de la démocratie en tant que telle, au contraire.

Si les chercheurs ne s'accordent donc pas sur les effets globaux du populisme sur la démocratie, ils se rejoignent néanmoins pour dire que le populisme est une catégorie pertinente pour penser les forces politiques qui visent au dépassement, au moins partiel, de la démocratie représentative. Certains s'en inquiètent, quand d'autres l'appellent de leurs vœux. Autrement dit, dans une approche non normative, « le populisme ne désigne ni un mal à proscrire ni le salut de la démocratie à venir, mais un certain type de crise de la démocratie représentative et libérale[45] ». C'est pourquoi il nous semble essentiel de l'étudier dans cet ouvrage.

Le complotisme, mal du siècle

Une vision du monde plutôt qu'une idéologie

Une troisième dimension de la crise de la représentation politique concerne l'adhésion à des thèses conspirationnistes[46]. Nous l'avons dit, la crise de la représentation politique peut se définir comme la remise en cause de la légitimité des représentants politiques élus à s'exprimer et à décider au nom de l'ensemble de la population. De notre point de vue, cette définition fait donc du complotisme un élément majeur de la crise de la représentation politique. Selon la définition classique qu'en donne Karl Popper, le complotisme serait la théorie selon laquelle « tout ce qui arrive a été voulu par ceux à qui cela profite[47] ». S'y cache ainsi l'idée que tous les événements qui se produisent au sein d'une société, qu'ils soient de nature politique, économique, sanitaire ou sociale, s'expliqueraient en fait par l'action cachée d'individus puissants. Ces derniers tireraient les ficelles dans l'ombre et seraient les vrais bénéficiaires de toutes les crises que nous connaissons.

Aussi le complotisme correspond-il davantage à une vision particulière du monde qu'à une réelle idéologie. En effet, pour reprendre la définition classique de Michael Freeden, une idéologie est une vision de « comment le monde est et devrait être[48] ». Or, si le complotisme présente bien une vision de comment le monde est – dominé par des élites corrompues qui fomentent des complots dans l'ombre –, il ne présente pas explicitement de vision de comment le monde devrait être. Comme nous le voyons, il peut s'articuler à des idéologies existantes de droite ou de gauche, être utilisé par certains acteurs politiques y voyant une réserve de voix prometteuse, mais il n'en demeure pas moins que, outre la destruction des mécanismes de pouvoirs actuels, il ne propose aucune alternative, aucun modèle de société concurrent.

Le passage des idéologies politiques classiques au conspirationnisme se fait donc par une simplification à outrance des mécanismes décriés mais, surtout, par la focalisation sur des personnes, responsables de tous les maux, plutôt que sur des structures.

Force est d'ailleurs de constater que le complotisme a connu une résurgence particulièrement prononcée ces dernières années. Aux États-Unis par exemple, l'élection présidentielle de 2020 a été marquée par le phénomène QAnon, lié aux mouvances républicaines les plus extrêmes, dénonçant un complot au sein de l'Administration américaine et les supposés liens de cette dernière avec des réseaux pédophiles[49]. L'épidémie de Covid-19 a également été l'occasion d'un essor majeur des théories complotistes[50]. Parmi les plus « virales », on peut citer les suivantes :

– Le virus qui a causé le Covid-19 a été créé volontairement en laboratoire.

– Les symptômes du Covid semblent être connectés aux radiations 5G.

– L'épidémie de Covid a été planifiée par certains groupes pharmaceutiques et agences gouvernementales.

– Il n'y a pas de preuve solide que le coronavirus existe vraiment.

– Le nombre de personnes considérées comme mortes du coronavirus est délibérément exagéré par les autorités.

– L'épidémie actuelle fait partie d'un mouvement global visant à forcer tous les individus à être vaccinés, qu'ils le veuillent ou non.

Autre exemple : en juillet 2024, la tentative d'assassinat ratée contre Donald Trump a également donné lieu à une série de thèses complotistes. Selon l'une d'elles, les manquements des services secrets américains ne seraient pas le fruit du hasard et résulteraient au contraire de l'action explicite d'un « État profond » cherchant par tous les moyens à empêcher Donald Trump d'accéder à nouveau à la présidence américaine.

Complotisme et crise de la représentation politique

Le fait que l'on constate une résurgence du phénomène complotiste ne suffit pas à en faire une manifestation de la crise de la représentation politique. Pourtant, c'est bien ce que nous soutenons ici : le complotisme serait peut-être même une manifestation ultime de la crise de la représentation politique.

En effet, la résurgence actuelle du complotisme est avant toute chose une résurgence *politique.* Ce sont d'ailleurs les théories pointant du doigt les institutions politiques, médiatiques ou économiques qui se sont le plus développées ces dernières années – aux États-Unis, la théorie QAnon dénonçant un complot au sein de l'Administration américaine[51] ;

en France et dans d'autres pays, au moment de la pandémie de Covid-19, celles dénonçant des médias, gouvernements et institutions cachant supposément la vérité sur l'origine de l'épidémie, ses conséquences réelles, la dangerosité des vaccins, ou encore les buts réels des mesures sanitaires[52]. Toutes s'en prennent ainsi à la même cible : les élites, qu'elles soient économiques, politiques, ou médiatiques.

À bien des égards, la vision complotiste du monde peut ainsi s'analyser comme une évolution de la vision populiste du monde. Il est d'ailleurs intéressant, pour entrevoir le parallèle entre ces deux termes, de constater que de nombreux représentants politiques et nombre de médias classiques sont passés d'une dénonciation du populisme, il y a quelques années, à une dénonciation du complotisme désormais. En effet, si le terme « populiste » pouvait constituer une arme discursive servant à disqualifier un adversaire, jugé trop extrémiste ou utilisant une rhétorique trop simpliste[53], cela s'applique également à celui de « complotiste ».

Quoi qu'il en soit, bien que différentes formes de populisme existent, comme nous l'avons vu, toutes reposent sur l'idée que « ceux d'en haut » n'ont aucune légitimité pour diriger « ceux d'en bas » et que la démocratie devrait être l'expression beaucoup plus directe de la volonté générale du peuple, selon une conception largement rousseauiste de la démocratie. Si ce populisme peut donner lieu à des mouvements politiques centrés sur cette division antagonique entre le peuple et les élites, il se matérialise également dans les attitudes des citoyens, ne jugeant pas les élites politiques légitimes pour les représenter[54].

Lorsque l'impression de déconnexion entre le peuple et le pouvoir persiste, lorsque ce dernier n'est plus jugé légitime, de manière durable, pour représenter les citoyens ordinaires, cela peut entraîner une radicalisation de cette coupure, qui se matérialise alors dans le complotisme. Avec le complotisme, le problème n'est plus tant qu'une partie de la population n'accepte plus d'être dirigée par ces élites, mais que la parole même de ces élites et la légalité de leurs actions sont désormais questionnées en permanence. Luc Rouban montre ainsi comment les attitudes populistes, les croyances complotistes et la faible croyance dans les institutions scientifiques s'amalgament dans une même sphère de défiance[55]. Le lien qui existe entre cette forme politique du complotisme et les attitudes populistes a par ailleurs été prouvé d'un point de vue statistique[56]. Entendons-nous bien, cela ne veut pas dire que les personnes qui affichent des attitudes populistes sont complotistes : l'un n'est pas l'équivalent de l'autre. Cela signifie simplement que la vision du monde complotiste, selon laquelle tous les événements ont été provoqués par ceux à qui ils profitent, provient d'une radicalisation de la vision du monde populiste.

Dans la vision politique du complotisme – celle qui nous intéresse –, les organisateurs de complots sont toujours les élites, qu'elles soient économiques, médiatiques ou politiques. Dans sa forme la plus partagée, le complotisme n'est ainsi qu'une détestation des élites poussée à l'extrême. C'est pour cela qu'il est finalement assez inexact de parler de « croyance dans des théories du complot », tant la théorisation est quelque chose de secondaire par rapport à la croyance. Avoir une vision complotiste du monde ne signifie pas forcément croire que les élites sont derrière tous les événements auxquels nous sommes soumis ; cela signifie que les élites sont si délégitimées et si corrompues qu'elles *peuvent être* à l'origine de tous ces événements, parce qu'elles ont la possibilité matérielle de le faire et l'absence de scrupules qui va avec.

Le complotisme remet donc radicalement en cause la légitimité des représentants politiques, en quoi il est lié à la crise de la représentation politique. Or, il constitue selon nous un facteur bien plus problématique que le populisme pour la stabilité des démocraties représentatives. Une étude a par exemple montré qu'il existait une très forte corrélation entre l'adhésion aux théories du complot et l'acceptation de la violence politique, lors de manifestations par exemple, ou à travers la légitimation de l'agression physique d'un représentant politique[57].

Une société de plus en plus polarisée

Le rejet de l'Autre

La société française est-elle plus polarisée qu'elle ne l'était auparavant ? Pour répondre à cette question, il faut avoir à l'esprit la distinction que font les chercheurs entre la polarisation *idéologique* et la polarisation *affective*[58]. La polarisation idéologique désigne l'étendue des positions prises dans le débat public, que ce soit au niveau des partis politiques ou de l'électorat. Plus les citoyens ou les représentants politiques diffèrent en termes de positions sur un sujet déterminé, plus la polarisation idéologique est importante. La polarisation affective désigne pour sa part le degré d'animosité ressenti par rapport à un groupe politique ou social adverse. C'est par exemple le degré de détestation du Rassemblement national ressenti par des électeurs de gauche, et inversement.

Or, loin de ce que laissent entendre de nombreux commentaires journalistiques sur le sujet, les études montrent que la polarisation idéologique a plutôt tendance à décliner ces dernières décennies. La chute de l'URSS n'est pas étrangère à ce phénomène : désormais, même les partis politiques qualifiés de « gauche radicale » ont un programme finalement assez réformiste. C'est bien plutôt la polarisation affective qui est en augmentation au sein des démocraties occidentales[59]. Si la multiplication des sources d'information n'est pas étrangère à ce phénomène – nous aurons l'occasion de revenir sur ce point –, la mise en avant dans le débat public de sujets dits « sociétaux » plutôt qu'économiques et sociaux en est également une cause profonde. Ces sujets liés à l'intime, aux droits individuels, ont plus de chances de heurter la sensibilité des électeurs et d'amener à considérer le camp opposé comme un ennemi et non comme un adversaire.

Les risques d'une démocratie polarisée

La polarisation affective pose des problèmes majeurs pour la viabilité des démocraties. Le pacte démocratique ne repose pas sur le principe du consensus, soit la recherche absolue et irréaliste d'une position qui conviendrait à l'ensemble des citoyens. Il existe dans la société de nombreux groupes sociaux, ayant des préoccupations et des intérêts propres, qui ne sont parfois tout simplement pas compatibles avec les préoccupations et les intérêts d'autres groupes sociaux. Le pacte démocratique repose plutôt sur le fait que les arbitrages qui résultent des rapports de force électoraux sont acceptés par tous. Or, lorsque la polarisation affective est trop importante, le groupe social qui perd l'arbitrage politique risque tout simplement de ne pas accepter la décision, pouvant même parfois recourir à des contestations violentes des résultats des élections. C'est dans une société américaine fortement marquée par ce phénomène de polarisation affective que doit par exemple se comprendre l'assaut du Capitole, le 6 janvier 2021, par les partisans de Donald Trump. Pour eux, vivre dans un pays gouverné par un président démocrate n'était tout simplement pas quelque chose d'envisageable.

Comment les médias influencent-ils les pratiques politiques ?

Ces précisions sur la nature de la crise que nos sociétés démocratiques traversent posées, et ces nécessaires définitions clarifiées, nous pouvons à présent nous atteler à la question qui nous occupe : quels liens existent entre ces phénomènes politiques et l'évolution du paysage médiatique ?

L'étude des effets des médias sur les pratiques politiques, sur la « fabrique de l'opinion », est à peu près aussi ancienne que les médias eux-mêmes. Il nous semble donc essentiel de dire quelques mots sur les grands paradigmes qui se sont succédé[60] pour situer notre propre approche.

Des années 1920 aux années 1940, le paradigme dominant est celui dit de la « seringue hypodermique », développé par Harold Lasswell[61], montrant que les citoyens sont finalement assez passifs – et donc influençables – devant les médias et la communication politique. Des années 1940 aux années 1970, ce modèle est supplanté par celui des « effets limités » : les variables sociologiques auraient finalement bien plus d'importance que les variables communicationnelles de court terme dans l'explication des comportements politiques. Depuis les années 1970, c'est un troisième modèle qui voit le jour, en insistant sur les effets cognitifs de la communication et de l'information. Se basant notamment sur les travaux de Maxwelle McCombs et Donald Shaw[62], la littérature tend désormais à mettre en lumière l'influence indirecte des médias, notamment les effets d'agenda[63] : les médias ne diraient pas aux citoyens quoi penser mais ce à quoi ils doivent penser. Par exemple, s'ils placent les enjeux environnementaux au cœur de leur programmation, cela aurait pour conséquence de faire de l'environnement un sujet de préoccupation majeur pour les spectateurs et donc les électeurs.

L'analyse des effets des médias est donc moins manichéenne qu'auparavant, étant reconnu que les médias peuvent avoir une influence subtile sur l'opinion publique. Néanmoins, à bien des égards, ces explications sont dépassées tant le paysage médiatique actuel n'a plus rien à voir avec celui d'il y a vingt ou trente ans. C'est la configuration actuelle des médias que nous cherchons à analyser dans cet ouvrage.

Un paysage médiatique en pleine mutation

C'est ici que se situe la nouveauté de notre démarche : renouveler l'analyse des effets des médias en prenant en considération les transformations du paysage médiatique et de la communication des représentants politiques.

Or, en la matière, deux ruptures majeures ont eu lieu au cours de ces trente dernières années. La première tient à l'apparition, au tournant des années 2000, des émissions d'*infotainment*, qualifiées de « conversationnelles » par Pierre Leroux et Philippe Riutort[64] pour souligner que l'interaction entre journalistes et politiques est supposée se faire « d'égal à égal » dans une sorte de confusion des rôles et des genres. Des émissions comme *On n'est pas couché*, ou *Le Petit Journal* (devenu *Quotidien*) ont été des précurseurs de ces transformations de l'audiovisuel français. Dans un paysage médiatique plus fragmenté, où les chaînes de télévision sont en concurrence pour maximiser leur audimat, ces nouveaux formats médiatiques mêlent ainsi des séquences sérieuses, assez similaires aux émissions politiques classiques, et des séquences de pur divertissement[65]. Le représentant politique invité se trouve donc dans une position ambivalente, devant à certains moments assumer un rôle sérieux et, à d'autres, sortir du cadre habituel de ce qui est attendu d'un représentant politique. Comme l'écrit Aurélien Le Foulgoc, dans ces émissions, « la politique est ballottée entre la dérision, l'incrédulité, le sens commun et une véritable question de fond, qui donne un peu de perspective à l'engagement politique de l'invité[66] ». En France, le nombre d'invitations de représentants politiques dans des émissions d'*infotainment* a été multiplié par quinze depuis le début des années 2000[67]. Plus symptomatique encore de cette évolution, on peut citer *Une ambition intime*, émission présentée par Karine Lemarchand – également présentatrice de *L'Amour est dans le pré* – qui marque lors de l'élection présidentielle de 2017 une évolution majeure dans le traitement de la politique : les candidats y sont invités à « fendre l'armure » et à présenter des facettes intimes de leur vie privée, jusqu'alors inconnues du grand public.

La seconde rupture a eu lieu au début des années 2010, lorsque les représentants politiques se sont mis à utiliser plus amplement Internet et les réseaux sociaux. Si le potentiel offert par ces outils pour permettre de nouvelles formes de participation politique[68] ou d'engagement militant[69] a largement été analysé, la façon dont ils ont également transformé les pratiques de communication politique l'a peu été. Or, les représentants politiques doivent toujours adapter leur communication aux nouvelles possibilités qui leur sont offertes.

À ce niveau, deux phases se distinguent : l'utilisation du Web 1.0, quand les partis politiques se contentaient de retranscrire en ligne ce qui se disait hors ligne, puis une utilisation du Web 2.0, quand les représentants politiques se sont mis à utiliser le potentiel interactif des réseaux sociaux, tout en créant des contenus spécifiquement pour ces plateformes[70]. Pendant les périodes électorales, l'utilisation d'Internet et des réseaux sociaux par les représentants politiques s'est multipliée depuis le début des années 2010[71], dans la mesure où ces formats présentent plusieurs intérêts majeurs, tels que le contrôle du sujet abordé ou la possibilité de se mettre en scène de façon plus personnelle – autant d'atouts que nous examinerons en détail.

Les nouveaux médias sont-ils si différents des anciens ?

Serions-nous victimes d'un biais qui consisterait à trop considérer les différences entre nouveaux et anciens formats sans prendre en compte l'évolution plus globale du paysage médiatique ?

Certains auteurs soutiennent que les émissions d'*infotainment* puis la communication directe sur les réseaux sociaux ont été à l'origine d'un mouvement global d'évolution du contenu qui les dépasserait pour toucher également des formats médiatiques plus classiques. Après tout, les journalistes politiques classiques n'invitent-ils pas eux aussi leurs invités à « fendre l'armure » et à arrêter la langue de bois ? D'autres soutiennent au contraire que ces nouveaux formats présentent des contenus largement différents des émissions plus classiques. C'est à cette controverse que nous répondrons dans la première partie du livre.

Les relations entre pratiques médiatiques et pratiques politiques

Si l'on démontre bien un lien entre une certaine utilisation des médias et une pratique politique particulière, par exemple le fait de voter aux élections, quel est le sens de la relation en question ? Est-ce que les plus participationnistes utilisent davantage les médias pour s'informer ou, au contraire, est-ce le fait de s'informer qui pousse à davantage participer aux élections ? Si la première hypothèse est la bonne, nous serions en présence d'*effets de sélection* et, dans le cas contraire, en présence d'*effets de contenus*.

Ces deux théories partent bien du constat qu'il existe des différences de comportements et d'attitudes politiques selon les médias visionnés, mais le débat porte sur le moment où les médias interviennent dans le processus. Pour les partisans des effets de sélection, la sélection des médias se ferait après – et en fonction – de la formation préalable des attitudes politiques. Pour les partisans des effets de contenus, c'est la sélection de types particuliers de médias, soit par hasard, soit par une socialisation primaire, qui aurait des conséquences, de par leurs contenus différenciés, sur les attitudes et les comportements politiques. En somme, les individus opèrent-ils une sélection de médias renforçant leurs opinions préexistantes ? Ou, au contraire, leurs opinions se transforment-elles au contact des médias auxquels ils sont exposés ?

Ce débat est d'une importance capitale et d'une grande actualité, il guidera ainsi l'ensemble de notre enquête. En effet, si les contenus différenciés sont bien à même de créer des effets politiques, alors, à mesure que les pratiques médiatiques se transforment, ces dernières pourraient accentuer les effets de la crise de la représentation politique qui nous intéressent. Si, par exemple, les réseaux sociaux « créent » bien des électeurs pour des partis populistes, alors leur utilisation de plus en plus massive dans la société pourrait poser un problème de taille pour la démocratie représentative.

Première partie

Comment les médias déterminent la communication politique

Chapitre 1

La communication politique, un exercice sous contrainte

Le paysage médiatique et les possibilités de communication offertes aux représentants politiques se sont donc profondément diversifiés depuis une trentaine d'années, en lien avec l'apparition d'émissions d'*infotainment* et l'utilisation massive d'Internet et des réseaux sociaux comme moyens d'information et de communication. Reste à comprendre à quel point la communication dans ces nouveaux espaces médiatiques est différente de celle qui a cours sous des formats classiques. Pour ce faire, nous proposons, à travers une approche globale, de dresser une véritable cartographie de la communication des représentants politiques.

La communication politique sous tous ses angles

La différence entre jeu politique et enjeux politiques

La façon la plus évidente d'étudier la communication politique et le contenu des informations politiques dans les médias est de se focaliser sur les thématiques abordées. On le comprend aisément : les médias choisissent les sujets qu'ils souhaitent valoriser à l'écran ou analyser dans leurs journaux. Il en est de même pour les représentants politiques, qui cherchent à mettre en avant les sujets qui les arrangent le plus, pensant par là obtenir un gain électoral. Un candidat écologiste cherchera ainsi à placer la question environnementale au cœur de ses interventions, quand un candidat d'extrême droite insistera sur les sujets liés à l'immigration ou à l'insécurité.

Une autre approche, élaborée par un certain nombre de chercheurs anglo-saxons[1], est également éclairante : la distinction entre « *hard news* » et « *soft news* ». Les *hard news* désignent la couverture des événements politiques majeurs, ceux qui sont finalement peut-être plus austères, mais nécessaires pour que le grand public comprenne la façon dont notre monde fonctionne. Les sujets liés à la réforme des retraites ou à la loi immigration entrent par exemple dans cette catégorie. Les *soft news* désignent quant à elles des informations mises en avant pour leur côté spectaculaire davantage que pour leur aspect décisif dans la compréhension des problèmes globaux. Ce sont typiquement les faits divers : chute de neige, déraillement d'un train, évasion d'un détenu, etc.

Mais concentrons-nous plus spécifiquement sur la politique. Certains chercheurs français[2] différencient le prisme par lequel les sujets politiques sont traités : le « jeu politique » ou les « enjeux politiques ». Le jeu politique désigne le traitement de la politique comme une pure compétition entre des candidats, une « course de petits chevaux ». Il se focalise par exemple sur des discussions incessantes sur les évolutions des cotes de popularité de tel ou tel candidat, les trahisons et les ralliements des représentants politiques. Bref, il traite la politique comme une sorte d'émission de téléréalité. Au contraire, les enjeux politiques désignent toutes les informations concernant les positions des candidats et des partis sur les questions de politiques publiques, ainsi que les bilans des élus sortants. Ce sont les informations que les citoyens peuvent utiliser pour comprendre les problèmes publics, réfléchir et voter pour le candidat qui propose les meilleures solutions selon eux, et tenir les gouvernants pour responsables de leurs actions.

Or, cette distinction entre jeu politique et enjeux politiques est essentielle, tant elle est intimement liée aux différentes dimensions de la crise de la représentation politique. Pour des auteurs comme Markus Prior[3], la focalisation sur la dimension stratégique du conflit politique au détriment des thématiques de fond aurait des effets délétères sur le public, tant aux niveaux de sa connaissance politique que de sa participation. Elle laisserait en effet aux spectateurs l'impression que les représentants politiques sont une classe à part, déconnectée de l'intérêt général et cherchant uniquement à maximiser ses intérêts personnels. Si les médias passent leur temps à décortiquer l'évolution des cotes de popularité des uns et des autres, comment les spectateurs peuvent-ils penser que ces représentants ne sont pas uniquement préoccupés par leur image et leur carrière personnelle ? D'autre part, le peu de temps passé à exposer leurs positions sur les principaux enjeux de politique publique ne permet pas de fournir les clés de compréhension indispensables au choix électoral. Comment s'étonner que les citoyens ne votent pas si les informations qu'ils regardent ne leur fournissent aucune clé sur les enjeux liés à l'élection en question, ni ne leur exposent les positions prises par les différents candidats ? On peut par exemple regretter que la campagne pour les élections législatives de 2024 se soit quasiment uniquement concentrée sur les aspects stratégiques du jeu politique (les alliances entre tel et tel parti, les trahisons, les intentions de vote donnant des majorités différentes selon les configurations prises en compte...) en parlant finalement extrêmement peu du programme des différents candidats. Certes, il ne faut pas négliger les effets de contextes, en l'occurrence, le caractère exceptionnellement court de cette campagne, mais l'hypothèse selon laquelle la politique n'est pas traitée de la même manière selon les différents formats médiatiques disponibles doit être prise au sérieux.

L'apparition des émissions d'*infotainment* laisse en effet transparaître une volonté de traiter la politique sous un prisme plus « ludique » en laissant de côté les enjeux politiques les plus complexes et en mettant en avant les dimensions individuelles et stratégiques du jeu politique[4]. L'essor des émissions en ligne des représentants politiques semble, pour sa part, suivre une dynamique inverse. Ces espaces de communication contrôlée offrent théoriquement l'opportunité de développer un argumentaire sur les principaux enjeux de politiques publiques, sans contradicteur[5]. Dans les émissions politiques classiques, la communication des intervenants est « négociée » avec le journaliste, tandis que, sur les réseaux sociaux, ils peuvent choisir directement le thème sur lequel ils souhaitent s'exprimer, ce qui les pousserait à s'attarder davantage sur les enjeux politiques que sur le jeu politique.

Registre individuel contre registre institutionnel

Alors que la distinction entre jeu politique et enjeux politiques désigne finalement le « fond » de la communication, le registre désigne la « forme ». Le registre individuel de la communication politique renvoie à la capacité pour un intervenant de se mettre personnellement en scène, pour valoriser soit un contenu politique, soit sa vie privée. On pense immédiatement aux contenus publiés par les candidats sur leurs réseaux sociaux, notamment aux *reels* sur Instagram ou aux *shorts* sur YouTube[6]. Le registre individuel est toutefois également utilisé, quoique de manière moins spectaculaire, dans le cadre de nombreuses interviews « classiques » à la télévision ou à la radio, lorsqu'un homme ou une femme politique met en avant son expérience personnelle, censée légitimer son action. Les exemples de représentants politiques utilisant leur supposée expérience du « terrain » sont légion.

Or, le registre individuel est susceptible de produire des effets politiques majeurs : Frederico Ferreira da Silva, Diego Garzia et Andrea De Angelis[7] montrent ainsi, à travers cinquante-deux sondages menés dans treize pays européens entre 1974 et 2016, que ce qui joue de plus en plus dans la décision d'aller voter ou non n'est plus tant la proximité partisane que l'évaluation d'un leader politique : la personne avant les idées. De la même manière, en étudiant les comptes Twitter de différents représentants politiques, Eun-Ju Lee et Soo Youn Oh[8] montrent que la personnalisation des contenus est un élément clé à la fois pour retenir l'information présente dans le tweet et pour engager une dynamique de participation. Les élections européennes du printemps 2024 ont à nouveau mis en avant ce phénomène, puisque 73 % des électeurs certains d'aller voter déclaraient que la personnalité des têtes de listes était un élément qui allait compter au moment de faire leur choix[9].

Or, il semblerait que chaque nouveau format médiatique entraîne une individualisation plus importante du contenu. Les émissions d'*infotainment*, nouveaux concurrents télévisuels des émissions politiques classiques, contribuent largement à la mise en scène d'un registre plus individuel. Différents travaux laissent en effet penser que les émissions d'*infotainment* partent du prisme de l'individualité des représentants politiques pour traiter les sujets politiques[10]. D'autres études portant plutôt sur l'utilisation des réseaux sociaux par les hommes et les femmes politiques ont également contribué à montrer comment ces espaces servaient avant tout à promouvoir des éléments personnalisés, censés répondre à l'injonction de proximité propre à ces réseaux[11].

Le rôle des émotions

Une troisième façon d'étudier le contenu de la communication politique est de se focaliser sur le rôle joué par les émotions. Il existe en effet une vision « pure » de la politique, selon laquelle les décisions électorales s'expliqueraient uniquement par une appréhension rationnelle de la part des électeurs. Pourtant, de nombreux chercheurs ont montré que cette vision était très éloignée de la réalité : dans les faits, les émotions jouent un rôle prépondérant dans les comportements politiques[12], y compris dans les choix électoraux. La peur entraîne par exemple des choix adverses au risque et pousse à voter massivement pour les partis au pouvoir. Ce n'est ainsi pas une surprise si les attentats entraînent, dans la plupart des cas, une remontée spectaculaire des cotes de popularité des présidents en place. C'est ce que l'on a constaté en France au moment des attentats du 13 novembre 2015, ou aux États-Unis après les attentats du 11 septembre 2001, en faveur de George W. Bush. À l'inverse, la colère encourage des choix plus risqués, au bénéfice de partis radicaux. On constate ainsi une forte corrélation entre le sentiment de colère et le vote pour des partis d'extrême droite[13]. Si les émotions ressenties déterminent en partie les comportements électoraux, elles peuvent également être à l'origine de mobilisations collectives. La colère est par exemple un élément déterminant de certaines mobilisations, telles que les mouvements sociaux à la suite de la crise financière de 2008[14].

Les émotions des citoyens sont donc à l'origine de comportements politiques particuliers, mais le point le plus important, dans notre cas, est le fait que les émotions peuvent assez facilement être transmises des représentants politiques aux citoyens. Il existe entre eux un mécanisme de « contagion émotionnelle » : lorsque les représentants politiques utilisent une communication chargée en émotion, le spectateur va être lui-même davantage soumis aux émotions[15], ce qui fait de cette grille d'analyse un angle décisif pour comprendre les actuelles tendances médiatiques et politiques.

Si le dévoilement émotionnel semble suivre une tendance structurelle chez les représentants politiques – tendance que l'on retrouve dans les émissions politiques classiques[16] –, il semblerait que certains espaces de communication y soient plus propices que d'autres. Il y a en effet fort à parier que les émotions sont davantage mises en avant dans les émissions d'*infotainment*, ces espaces hybrides entre information et divertissement, où l'authenticité de la parole politique est érigée en valeur cardinale[17]. Les réseaux sociaux semblent plus encore se caractériser par une valorisation de la communication émotionnelle. Agnese Sampietro et Lidia Valera Ordaz[18], en étudiant la communication du mouvement espagnol Podemos sur Facebook pour les élections européennes de 2014, montrent ainsi que, dans près de deux tiers des posts, les leaders s'indignent, se mettent en colère, portent un message d'espoir, bref, cherchent à montrer leurs émotions. De la même manière, en France, les contenus publiés par les représentants politiques sur les réseaux sociaux donnent souvent l'impression de réactions « à chaud », chargées en émotions, que ce soit pour se féliciter d'un événement ou pour exprimer toute leur colère face à une situation. Le jeudi 5 septembre 2024, jour de la nomination de Michel Barnier au poste de Premier ministre, Sandrine Rousseau tweete par exemple : « Emmanuel Macron est en passe de transformer la démocratie en une vaste pièce de Guignol. Cela aura un coût, et sans doute élevé. Je suis désolée de ce spectacle. Vraiment. »

Communication contrôlée contre communication négociée

Enfin, s'intéresser au fait que la communication médiatisée est plus ou moins maîtrisée par le représentant politique[19] est éclairant. Dans le cadre d'une interview, le journaliste peut orienter l'échange de deux manières différentes. D'une part, en choisissant de mettre le représentant politique plus ou moins en difficulté, en le relançant sur des thèmes précis ou encore en infirmant certains de ses propos[20]. D'autre part, en choisissant explicitement les sujets abordés, qu'il sait plus ou moins en adéquation avec la stratégie de communication de son invité[21]. De ce point de vue, plus une communication est contrôlée, plus elle est favorable au représentant politique en terme électoral. En effet, même s'il peut y avoir un certain prestige à sortir victorieux d'un duel musclé avec un journaliste, les invités politiques cherchent en priorité à dérouler leur argumentaire et leurs éléments de langage lors d'une interview. Se retrouver dans l'impossibilité de le faire face à un journaliste trop pugnace peut considérablement affaiblir la position du représentant politique, voire, dans le pire des cas, provoquer un *bad buzz.* Une séquence l'illustre très bien. Fin juin 2024, Mathilde Panot, présidente du groupe parlementaire de La France insoumise, est invitée sur BFMTV. Le journaliste Benjamin Duhamel l'invite à commenter un propos de son chef, Jean-Luc Mélenchon, qui a déclaré que Léon Blum, acteur majeur du Front populaire, n'était à l'époque pas au niveau de Mathilde Panot. Cette dernière tente une pirouette en répondant : « Il parlait de l'expérience parlementaire que nous, nous avons, mais que Blum n'avait pas à l'époque. » Et là, le journaliste la coupe : « Attendez, Léon Blum avait été patron du groupe SFIO à l'Assemblée entre 1919 et 1936... » Mathilde Panot sent bien le piège se refermer sur elle et tente de passer à un autre sujet. Mais le journaliste la relance, l'invite à s'expliquer, ne la laisse pas s'échapper, malgré les blancs de l'invitée. La séquence sera reprise par de multiples comptes sur les réseaux sociaux, avec des commentaires acerbes envers la parlementaire LFI. Gageons qu'elle se serait bien passée d'une telle séquence.

À l'inverse, et par définition, la communication directe sur les réseaux sociaux est une communication contrôlée, c'est-à-dire non dépendante de questions posées par un journaliste. Par ailleurs, il semblerait que les émissions d'*infotainment* offrent des espaces de plus grande liberté pour les représentants politiques que les interviews classiques. Si certaines émissions d'*infotainment* ont dans un premier temps voulu se construire la réputation d'espaces où les représentants politiques étaient malmenés par le présentateur et les chroniqueurs présents sur le plateau, un pacte implicite s'est progressivement institué, les invités conditionnant leur venue au fait de ne pas subir de question « piège »[22].

Le format médiatique détermine la communication politique

Les éléments développés dans les paragraphes précédents sont-ils bien explicitement constatables dans le cas français ? Pour répondre à cette question, nous avons étudié avec précision un corpus de seize interviews lors d'émissions classiques, que ce soit à la radio ou à la télévision, un corpus de seize interviews télévisées lors d'émissions d'*infotainment* et un corpus issu des réseaux sociaux (treize comptes Facebook et Twitter ainsi que neuf vidéos issues de chaînes YouTube). Dès lors, nous sommes en mesure de constater certaines différences notables de contenus en fonction des variables prises en compte[23].

On peut ainsi observer que la communication est largement différente selon les formats médiatiques dans lesquels les représentants s'expriment (Figure 1, p. 66). Si les enjeux politiques sont majoritaires dans les émissions classiques (58 %) et sur les réseaux sociaux (65 %), ils ne le sont pas dans les émissions d'*infotainment* (46 %). À ce stade, il est donc intéressant de constater que, à rebours des discours selon lesquels les réseaux sociaux seraient des espaces dépolitisés, c'est bien au contraire dans ces formats en ligne que les représentants politiques ont le plus la possibilité de développer leur vision sur les principaux enjeux de politiques publiques. Les réseaux sociaux valorisent également un registre discursif individuel (52 %), davantage que les émissions d'*infotainment* (45 %) et bien davantage que les émissions classiques (5 %), où le registre institutionnel est donc quasiment omniprésent. Les émotions, quant à elles, sont davantage mises en avant sur les réseaux sociaux (65 %) que dans les émissions politiques classiques (44 %) et que dans les émissions d'*infotainment* (27 %), valorisant de manière assez surprenante assez peu le dévoilement émotionnel. Ce faible dévoilement émotionnel dans les émissions d'*infotainment* s'explique en grande partie parce que les émotions les plus mises en avant par les représentants politiques sont des émotions négatives, comme la colère ou l'indignation. Or, les émissions d'*infotainement* apparaissent comme des espaces beaucoup plus lisses, où l'énervement est proscrit. Enfin, et sans surprise, la contradiction apportée par le journaliste est plus forte dans les émissions classiques que dans les émissions d'*infotainment* (60 % contre 26 %).

Figure 1. Caractéristiques de la communication des représentants politiques selon le média dans lequel ils s'expriment

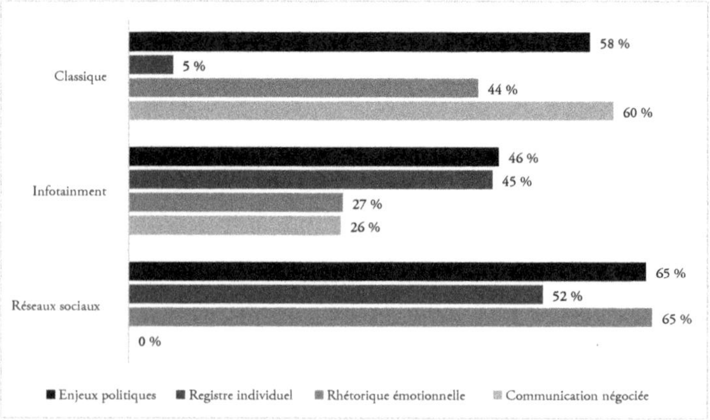

La position du représentant politique dans son parti joue également un rôle sur le contenu de sa communication (Figure 2, p. 67)). Si la part d'enjeux politiques développés est assez similaire entre les *frontbenchers* (les leaders de partis) et les *backbenchers* (les membres du parti qui n'en sont pas à la tête), les premiers mettent davantage en avant leurs émotions (62 % contre 37 %). Cela peut s'expliquer par le fait que les leaders des partis sont finalement en campagne permanente. Or, la mise en avant de ses émotions peut être un bon moyen de fendre l'armure et de montrer une facette plus humaine qui plaira potentiellement à l'électorat. D'autres différences se révèlent, mais dans des proportions moindres. Les *backbenchers* s'expriment ainsi dans un registre plus individuel (42 % contre 32 %) et sont davantage soumis à la contradiction de la part des journalistes (30 % contre 19 %). Cette dernière différence s'explique peut-être par le fait que les leaders de partis politiques sont davantage rompus à l'exercice médiatique, ils ont plus d'expérience. Dans ces conditions, les journalistes peuvent être plus méfiants et ne pas chercher à pousser l'invité dans ses retranchements, au risque de subir une contre-attaque.

Figure 2. Caractéristiques de la communication des représentants politiques selon leur position dans le parti

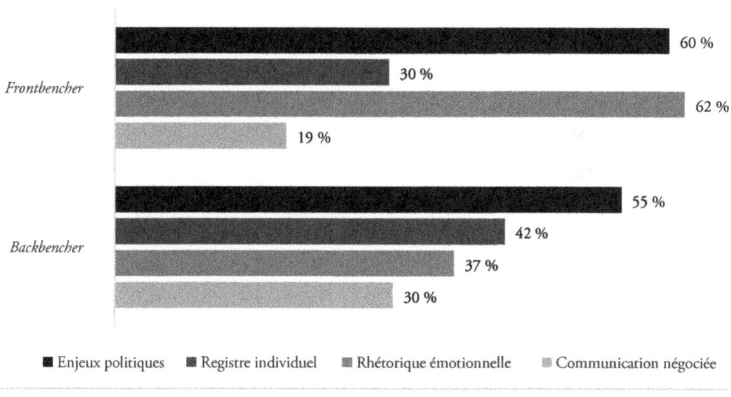

Le fait d'appartenir ou non à la majorité présidentielle est un autre facteur déterminant de

la communication politique (Figure 3, p. 69). Les enjeux sont davantage développés chez les membres du gouvernement (64 % contre 54 %). Cela s'explique par le fait que ces derniers déterminent en grande partie l'agenda politique : ce sont eux qui vont placer certains enjeux politiques dans le débat public via des projets de loi. À l'inverse, étant dans une posture défensive, les membres de l'opposition vont davantage être questionnés sur leurs réactions vis-à-vis des actions gouvernementales. Prenons un cas concret : la réforme des retraites. Les membres du gouvernement sont amenés à s'expliquer sur le bien-fondé de leur réforme, ils développent donc leur vision de cet enjeu politique. Au contraire, les membres de l'opposition sont beaucoup plus interrogés sur les moyens de s'opposer à cette réforme : les alliances potentielles à l'Assemblée nationale, les manifestations, les appels à la grève, des éléments de jeu politique en somme. Le registre individuel (40 % contre 35 %) est également légèrement plus mis en avant chez les membres du gouvernement que chez les membres de l'opposition, même si la différence est assez faible. À l'inverse, le dévoilement émotionnel est plus fort chez les membres de l'opposition (56 % contre 27 %). Cette différence s'explique à nouveau par la posture défensive de ces derniers, souvent amenés à s'indigner des mesures prises par le gouvernement qui, au contraire, dans une posture de « responsabilité », cherche à mettre en avant les rationalités de sa politique. Enfin, les membres du gouvernement semblent être légèrement plus mis en difficulté par un journaliste (30 %) que les membres de l'opposition (23 %), dans la mesure où les journalistes poussent le gouvernement à « rendre des comptes » aux citoyens.

Figure 3. Caractéristiques de la communication des représentants politiques, selon leur appartenance ou non à la majorité présidentielle

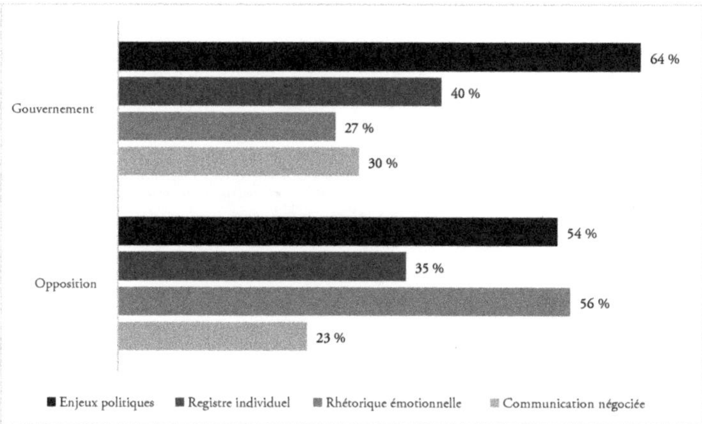

Concernant le fait d'appartenir ou non à un mouvement populiste, d'autres différences se dessinent

(Figure 4, ci-dessous). Si les enjeux politiques sont valorisés de manière équivalente (57 %), les représentants provenant de partis populistes mettent davantage en scène leurs émotions (61 % contre 33 %)[24]. La colère et l'indignation sont en effet des éléments structurants de la communication populiste. À l'inverse, le registre individuel est utilisé de manière quasiment similaire (38 % par les représentants de partis non populistes contre 36 % pour les représentants de partis populistes). Les journalistes, pour leur part, semblent mettre davantage en difficulté les représentants de partis non populistes que de partis populistes (32 % contre 18 %).

Figure 4. Caractéristiques de la communication des représentants politiques selon leur appartenance ou non à un mouvement populiste

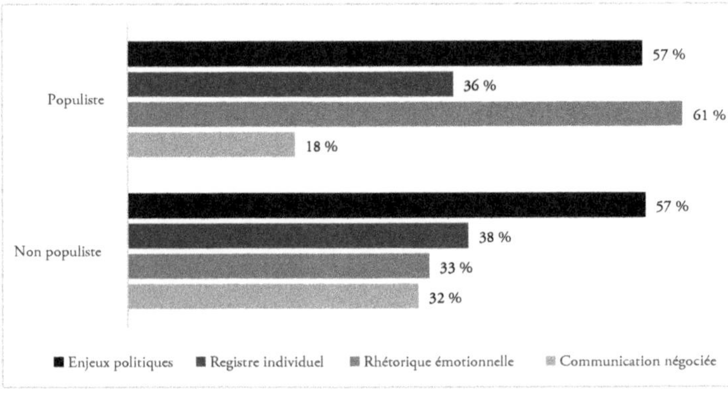

Une présentation « à plat » des données, même si elle aboutit déjà à une première vision des différences de contenus, ne permet pas de saisir complètement quelle variable influence le plus le contenu. C'est pourquoi nous avons cherché à la compléter à travers une méthode statistique plus poussée – soit une analyse en composantes principales (ACP) détaillée en Annexes (voir Figure 5, p. 187) –, à même de déterminer quelle(s) variable(s) distingue(nt) le plus les cas analysés entre eux.

Deux points essentiels ressortent de cette analyse. D'une part, alors que les études concernant la communication des représentants politiques étaient jusqu'ici largement réalisées de manière sectorielle, le fait d'avoir étudié conjointement la rhétorique émotionnelle, le développement du jeu et des enjeux politiques, le registre utilisé et l'aspect plus ou moins contrôlé de la communication a permis de dégager les liens entre ces différents éléments. Plus les représentants politiques développent les enjeux au détriment du jeu, plus ils le font en recourant à une rhétorique émotionnelle. Par ailleurs, plus les représentants politiques sont à même de contrôler leur communication, plus ils utilisent un registre individuel et non institutionnel.

D'autre part, il existe bel et bien une diversité de contenus selon les formats médiatiques dans lesquels les représentants politiques sont amenés à s'exprimer. Les formats expliquent d'ailleurs davantage ces différences que les caractéristiques des représentants politiques eux-mêmes. À chaque format, se trouve donc associée une logique de communication différente, ce qui, selon nous, constitue une conclusion décisive pour éclairer les évolutions de notre paysage médiatique et politique[25].

Selon les médias, on distingue dès lors assez clairement trois types de contenus :

– Les émissions classiques mettent fortement en avant les enjeux politiques et les émotions, un registre institutionnel et une communication davantage négociée avec le journaliste que contrôlée.

– Les réseaux sociaux valorisent eux aussi les enjeux politiques et les émotions, mais le registre y est beaucoup plus individuel et la communication y est totalement contrôlée.

– Les émissions d'*infotainment*, enfin, se caractérisent par une position plus intermédiaire : la communication y est davantage contrôlée que dans les émissions classiques et le registre plus ambivalent. Le jeu politique y est par ailleurs davantage développé avec une moindre mise en avant des émotions.

Ces conclusions nous mettent sur la voie pour trancher le vif débat qui distingue les partisans de la thèse des « effets de contenus » des médias de ceux des « effets de sélections » des médias, que ce soit pour expliquer les variations de la participation électorale ou la nature des votes[26].

Pour les tenants des effets de sélection, les citoyens choisiraient des espaces médiatiques susceptibles d'être en adéquation avec leur positionnement politique initial[27]. De nombreuses études partent en effet du constat, déjà fait par Paul Lazarsfeld, Bernard Berelson et Hazel Gaudet[28], selon lequel il existerait une exposition sélective aux différents flux de communication : les individus n'écouteraient que des flux venant renforcer leurs opinions et, lorsqu'ils sont par hasard soumis à un flux de communication allant à l'inverse de leurs préférences, ils ne le mémoriseraient pas. C'est bien le positionnement politique initial ou l'intérêt politique initial qui engendrerait des pratiques médiatiques différentes, à la faveur de bulles informationnelles. De nombreux travaux empiriques, il faut le souligner, sont plutôt en accord avec cette théorie[29].

D'autres auteurs invitent plutôt à ne pas sous-estimer les effets de contenus des nouveaux médias. Selon eux, le mécanisme d'exposition sélective serait loin d'être certain et le fait de ne regarder qu'un nombre limité de médias très partisans ne serait le cas que d'une toute petite partie de la population, souvent les citoyens les plus politisés[30]. Or, puisqu'il existe des différences majeures entre les formats médiatiques, il serait « normal » de constater des différences d'attitudes politiques après le visionnage de certains contenus. Le traitement plus léger et accessible des thématiques politiques par les émissions d'*infotainment* augmenterait par exemple le sentiment de compétence politique au sein du public, et ce sentiment de compétence entraînerait une plus forte volonté de participer politiquement, notamment au moment des élections[31]. De même, le fait d'avoir accès à des informations plus simples en ligne augmenterait le sentiment de compétence politique et par là l'engagement citoyen[32]. La plus grande personnalisation de la communication politique des représentants politiques pousserait enfin ceux qui visionnent ces contenus à davantage s'engager politiquement[33].

Or, nous montrons ici que, en fonction du média qu'un citoyen choisira d'utiliser, il sera soumis à des contenus largement différents, que ce soit en termes d'enjeux politiques développés, de rhétorique émotionnelle, de registre utilisé ou de contrôle de la communication de la part du représentant politique. Cela laisse donc penser que cette forte différence de contenus est à même de produire des effets politiques différents. Pour le dire autrement, tout laisse à penser, en conclusion de ce chapitre, que nous pouvons être en présence d'effets de contenus médiatiques assez forts. Cela reste néanmoins à pouver et ce sera un des fils directeurs de la seconde partie de ce livre.

Chapitre 2

Instagram et TikTok : de nouveaux défis pour la communication politique

« Le problème des bonbons, c'est que ça redescend après, ça c'est censé tenir en énergie pour un débat de deux heures et demie... Oui, c'est des barres de céréales ! » Il ne s'agit pas ici des conseils santé d'un nutritionniste, mais d'une vidéo TikTok de Jordan Bardella, attendant dans sa loge avant un débat pendant les élections européennes. Une vidéo de quelques secondes qui totalise plus de 500 000 vues. Quelques jours plus tard, toujours sur le réseau social chinois, le candidat du Rassemblement national publie une nouvelle vidéo. Tout sourire, il monte un escalier à la sortie du plateau du 20 heures de TF1 : « Bon, ma mère me remercie pour lui avoir souhaité une bonne fête des Mères devant 5 millions de Français, ce qui n'est pas donné à tout le monde. » Une vidéo qui dure moins de dix secondes et qui totalise 1,3 million de vues et plus de 150 000 likes.

X, YouTube, Facebook : ces réseaux sociaux apparaissent d'une certaine manière comme « dépassés » par l'arrivée de ceux de seconde génération, basés uniquement sur les images ou les vidéos de courte durée, comme Snapchat, Instagram et, donc, TikTok.

Or, si l'on constatait sur les réseaux de première génération une plus forte personnalisation des contenus, cela allait également de pair avec une forte mise en avant des enjeux politiques. Les représentants politiques se mettaient davantage en scène que dans les médias « classiques », mais cela toujours au service de leurs idées et de leur programme. Qu'en est-il pour cette seconde génération de réseaux sociaux ?

Image et *punch lines* : les contenus de la seconde génération de réseaux sociaux

Dans la plupart des cas, les vidéos courtes sur les nouveaux réseaux sociaux répondent à un double objectif. Il s'agit de « montrer les coulisses » de l'action des représentants politiques, pour dépasser la posture souvent figée qui est la leur sur les plateaux des médias classiques. Cette invitation dans les coulisses répond à un second objectif : montrer aux citoyens, et donc à leurs potentiels futurs électeurs, qu'ils sont finalement des êtres humains comme les autres et générer, idéalement, un mécanisme psychologique d'identification chez les électeurs. François Ruffin est par exemple un spécialiste de ce type de vidéos montrant sa vie de député « comme si on y était ». Son *reel*, publié sur Instagram le 12 juin 2024, illustre parfaitement ce procédé.

Nous sommes en effet, à ce moment-là, dans une période politique charnière. Emmanuel Macron, à la surprise générale, vient de prononcer la dissolution de l'Assemblée nationale et les différents partis politiques doivent se mettre en ordre de marche pour mener une campagne éclair. À gauche, les partis qui s'étaient unis sous l'étiquette de la NUPES lors des élections législatives de 2022 sont partis en ordre dispersé lors des élections européennes de 2024 et les attaques virulentes entre alliés d'hier ont émaillé la campagne. Mais, face au risque d'une accession du Rassemblement national à Matignon, de nombreux représentants politiques plaident néanmoins pour l'union de la gauche. Le premier d'entre eux est François Ruffin. Dans les premières minutes qui suivent l'annonce de la dissolution, le député de la Somme lance un appel à la construction d'un « Front populaire » ; celui-ci trouve un écho auprès des différentes formations de gauche, qui acceptent quelques jours plus tard de s'allier sous cette exacte bannière. Si bien que le nom de François Ruffin est, au lendemain de la dissolution, largement évoqué pour devenir Premier ministre si la gauche venait à remporter l'élection. L'intéressé lui-même revendique le « capitanat » du Front populaire, assumant aux yeux de tous ses ambitions[1]. Pour autant, ce n'est pas l'image d'un futur Premier ministre classique que François Ruffin cherche à afficher sur ses réseaux sociaux. Le 12 juin, donc, il publie une vidéo sur Instagram durant un peu moins d'une minute. On y voit le député devant un TER en direction d'Amiens, s'adressant à la caméra du téléphone qui le filme : « Là je repars à Amiens pour mon lancement de campagne ce soir. Et comme je ne suis plus député, je n'ai plus le train gratuit, c'est quand même 23,80 euros pour des TER qui bien souvent ne sont pas à l'heure. » On le voit finalement être à deux doigts de manquer son train et de rester sur le quai, puis déambuler dans ce TER bondé. Un sympathisant lui propose de lui céder sa place, il refuse et décide finalement de s'asseoir par terre. La vidéo se termine sur cette image.

À première vue, les styles de Jordan Bardella et de François Ruffin sont assez antagonistes. Quand le premier se présente toujours à l'écran avec un costume impeccablement repassé et le sourire aussi maîtrisé que la coupe de cheveux, François Ruffin cherche davantage à montrer qu'il est un homme comme les autres, habillé de la même manière et subissant les mêmes problématiques de vie que ces Français coincés dans les transports en commun. Pourtant, l'objectif final est le même : créer un sentiment de proximité avec les électeurs, s'adresser à eux directement, sans intermédiaires, et montrer de lui des facettes plus intimes.

Si la personnalisation est donc le propre de ces nouveaux réseaux sociaux, peut-on dire pour autant que les contenus qui y sont publiés ne sont aucunement politiques ? Même entendue dans son sens le plus large, la politique est totalement absente d'une partie d'entre eux. En effet, y a-t-il une once de matière politique dans ce TikTok publié par Jordan Bardella ? On pourrait certes, en creusant, voir dans le TikTok de Jordan Bardella sur la fête des Mères une valorisation des valeurs familiales, mais tout cela est somme toute assez annexe. Ce que le candidat du Rassemblement national cherche à montrer avant tout, c'est que, au-delà de ses fonctions politiques, il est un fils et que comme tous les fils, il souhaite une bonne fête à sa mère.

Dans un second type de contenus, la dimension politique est présente mais de manière subtile : elle se donne à voir grâce à la situation particulière que le représentant politique est en train de vivre. Si l'on reprend l'exemple de François Ruffin, le député de Picardie Debout cherche certes à nous montrer ses propres « galères du quotidien », mais il critique aussi indirectement la gestion des transports publics : problème de prix, problème de place, problème de ponctualité…

Enfin, un troisième type de contenus rencontre un succès viral sur ces nouveaux réseaux : les clashs. Dans ces vidéos, les représentants politiques se mettent également en scène : non pas dans leur vie de tous les jours cette fois, mais lors d'une interaction avec un homme ou une femme politique du camp opposé, voire avec un journaliste, souvent sur un plateau de télévision. L'objectif de ces séquences, montées à la perfection, ne montrant que les extraits qui arrangent le communicant, est de montrer la supériorité rhétorique de ce dernier sur ses adversaires. Louis Boyard, jeune député de La France insoumise, publie fréquemment ce type de contenus. Le 21 mai 2024, il publie par exemple sur son compte Instagram une vidéo issue d'un débat avec François-Xavier Bellamy sur BFMTV. La vidéo commence par un court extrait du député européen Les Républicains François-Xavier Bellamy déclarant: « C'est le devoir pour nous de défendre le droit des femmes à s'habiller comme elles le veulent », puis vient l'extrait de la réponse de Louis Boyard: « Vous prétendez, vous, François-Xavier Bellamy, défendre la liberté des femmes en déposant un amendement qui empêche les femmes de porter un voile si elles le veulent. En réalité, vous êtes les deux faces d'une même pièce. Entre la personne qui oblige la femme à porter un voile et la personne qui oblige la femme à ne pas en porter, je vois seulement un homme à qui on n'a pas demandé son avis et qui devrait bien se taire. » La vidéo se termine sur le visage de François-Xavier Bellamy, l'air hagard et un visuel indiquant « K.-O. », comme s'il s'agissait d'un jeu vidéo.

Toucher un public jeune et désinvesti

Pourquoi les représentants politiques utilisent-ils massivement ces nouveaux réseaux sociaux, soit pour publier des contenus centrés sur leur personne plutôt que sur leurs idées, soit pour mettre en avant des clashs à la manière de combats de jeux vidéo ?

Figure 6. L'utilisation des réseaux sociaux par les Français

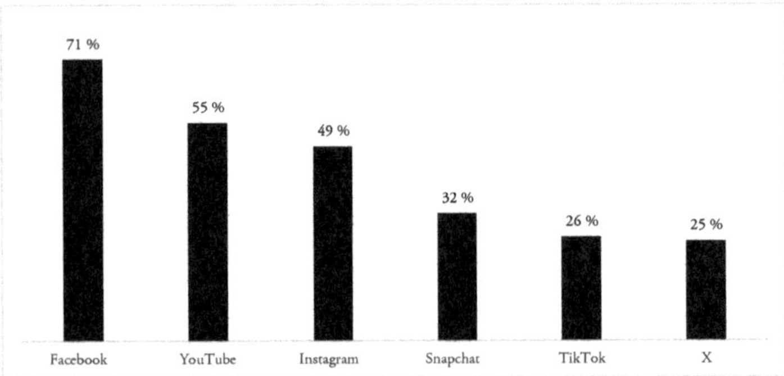

Figure 7. L'utilisation des réseaux sociaux par les Français selon leur catégorie d'âge

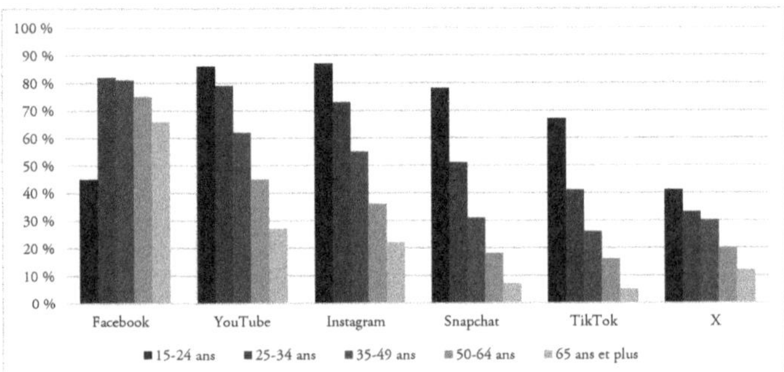

La première raison est que ces réseaux sociaux sont largement utilisés par les Français (Figure 6, ci-dessus).

Aujourd'hui, 71 % d'entre eux utilisent Facebook, au moins de manière irrégulière, 55 % YouTube et 49 % Instagram. Viennent ensuite Snapchat (32 %), TikTok (26 %) et X (25 %)[2]. Mais l'aspect le plus intéressant est indéniablement la répartition de l'utilisation de ces différents réseaux selon la catégorie d'âge.

On le voit, la caractéristique principale des réseaux sociaux, en dehors de Facebook, est d'être utilisés par des jeunes (Figure 7, p. 84). Lorsque les représentants politiques passent par ces canaux, c'est donc en premier lieu ce public qu'ils cherchent à toucher. Ils considèrent en effet que la jeunesse actuelle est peu intéressée par les sujets politiques, en particulier par les institutions politiques, qu'elle ne s'informera pas par elle-même via les médias classiques et qu'il faut donc « aller la chercher » là où elle se trouve. De nombreux travaux ont bel et bien montré que la jeune génération se tient assez éloignée de la politique institutionnalisée et qu'elle n'a, au mieux, qu'une pratique intermittente du vote. Cette stratégie est donc compréhensible. Elle repose par ailleurs sur un autre postulat : la personnalité des candidats, leur image, seraient des éléments importants pour expliquer les choix électoraux de la jeunesse actuelle. Un second présupposé qui, pour sa part, est loin d'être évident.

Les risques d'une stratégie de communication centrée sur les réseaux

L'image ne fait pas tout

La stratégie de communication mise en place sur les réseaux sociaux suppose donc que les électeurs, en particulier les plus jeunes d'entre eux, fassent de l'image et de la personnalité des candidats des éléments déterminants dans leurs choix électoraux. Or, sur ce point, la situation est beaucoup plus complexe qu'il n'y paraît. Lors des élections européennes de juin 2024, nous nous sommes ainsi intéressés aux éléments susceptibles d'être déterminants dans le choix électoral des citoyens français grâce à des données de sondage. 67 % des répondants déclaraient ainsi que la personnalité des têtes de liste compterait dans leur choix de vote[3], de quoi renforcer cette idée qu'une stratégie de communication centrée sur la personnalisation serait particulièrement efficace. Néanmoins, si la personnalité compte, elle ne fait pas tout : 87 % des répondants déclaraient également que les idées et les propositions des partis seraient des éléments décisifs dans leur choix de bulletin. L'image compte, mais, fort heureusement, elle n'est finalement que peu de chose si elle n'est pas associée aux idées.

Par ailleurs, il est intéressant d'examiner de plus près quels publics jugent l'image des candidats comme étant un élément déterminant dans leurs choix électoraux: c'est le cas pour 63 % des moins de 35 ans, contre 72 % des 60 ans et plus. L'image compte donc davantage pour les générations plus anciennes que pour les jeunes, qui, pourtant, sont les plus à même de visionner ces contenus sur les réseaux sociaux. Miser sur des communications hyperpersonnalisées, ne contenant aucun véritable élément politique de fond, pour attirer le vote de la jeunesse résulte d'une méconnaissance de cette dernière et, disons-le, d'une attitude quelque peu condescendante des représentants politiques.

Visibilité ne veut pas dire soutien

Par ailleurs, si ces contenus, les clashs par exemple, sont souvent fortement mis en avant par les algorithmes des réseaux sociaux parce qu'ils attirent l'attention et génèrent une émotion en les regardant, il existe pourtant une importante différence entre un contenu qui retient l'attention et un contenu qui convainc.

Revenons au début de l'année 2023. À cette période, le débat public est occupé par le projet de loi sur la réforme des retraites. Une opposition virulente au gouvernement se déploie tant à l'Assemblée que dans la rue, et aussi sur les réseaux sociaux. Les parlementaires de La France insoumise cherchent ainsi à inonder les réseaux de messages contre le projet de réforme du gouvernement. Louis Boyard, précédemment évoqué, est un des fers de lance de cette stratégie, publiant quotidiennement ses clashs avec les députés de la majorité présidentielle. Mais est-ce que cette stratégie de communication convainc son public cible? Sur cette période, j'ai ainsi mené une série de *focus groups* sur un public spécifique : des étudiants d'une vingtaine d'années, provenant d'un lycée agricole de Champagne-Ardenne, et par ailleurs largement dépolitisés. Cette méthodologie d'enquête consiste à réunir pendant une durée d'une à deux heures un groupe de six à huit personnes et de les interroger « à chaud » sur un sujet particulier. Cette méthodologie qualitative est complémentaire de l'utilisation des sondages classiques. Sans prétendre à la représentativité d'un sondage, elle permet plutôt de saisir des éléments plus subtils dans les argumentaires déployés par les personnes interviewées.

J'ai donc interrogé ces jeunes sur la réforme des retraites en cours et leur ai demandé de quelle façon ils s'informaient sur les sujets politiques et d'actualité. Sans surprise, une large partie d'entre eux m'a indiqué ne pas s'informer de sa propre initiative sur les sujets politiques. Pourtant, assez rapidement, un nom est apparu, celui de Louis Boyard.

> *« Ah si, j'ai vu passer sur TikTok les vidéos d'un jeune mec, de gauche je crois, il a une tête toute ronde (rires). »*
> *« Oui, moi aussi, j'ai vu ses vidéos sur TikTok aussi. »*

Alors, pari gagnant pour le jeune député de La France insoumise ? Le résultat de sa communication est bien plus mitigé. Si plusieurs jeunes interrogés, pourtant éloignés des sujets politiques, avaient « vu passer » les vidéos de Louis Boyard, le souvenir qu'ils en avaient gardé était pour le moins assez négatif.

> *« Il a l'air tout le temps énervé, on comprend pas trop pourquoi. »*
> *« Il arrête pas de faire le malin dans ses vidéos, on a l'impression que c'est son métier de s'énerver contre tout le monde, c'est pas sérieux. »*
> *« La façon dont il se comporte, c'est n'importe quoi, on dirait qu'on est dans une cour de récré. »*

> *« J'y connais pas grand-chose à la politique mais là j'ai l'impression qu'il me prend pour une débile. »*

Ainsi, des vidéos qui deviennent virales ne sont pas forcément bien perçues par le public à qui elles sont directement destinées. La viralité de contenus centrés sur les clashs entraînera certes un fort engagement émotionnel, mais ce dernier peut être largement négatif.

La proximité contre la compétence

Il existe potentiellement un troisième effet pervers à cette communication hyperpersonnalisée sur les réseaux sociaux. Pour Manon Metz, Sanne Kruikemeier et Sophie Lecheler[4], cette personnalisation poursuit un triple objectif : apparaître comme des êtres humains normaux en dehors de la fonction politique, jouer sur les émotions et se présenter comme des professionnels dotés de qualités individuelles particulières. Il est clair que les deux premiers facteurs correspondent en fait à une réalité similaire : le fait que le représentant politique paraisse « proche » de la population passe par une proximité exprimée de manière situationnelle ou émotionnelle. Lasse Laustsen et Alexander Bor[5] montrent en effet que, pour qu'un candidat soit évalué positivement par le public, il doit apparaître proche des « gens normaux ».

Mais l'évaluation des caractéristiques personnelles d'un représentant politique n'est pas seulement basée sur la proximité, il est également nécessaire que le représentant apparaisse comme compétent. Le principe même de la représentation politique invite le représentant à trouver une ligne de crête entre deux impératifs contradictoires : sembler proche de la population d'un côté mais également démontrer une compétence particulière, une « distinction » comme le dirait Bernard Manin[6]. En effet, la compétence perçue est décisive pour l'évaluation des personnes dans la société[7] et il en va de même pour l'évaluation des dirigeants politiques[8]. Wojciech Cwalina et Andrzej Falkowski[9], dans le contexte polonais, et Carl McCurley et Jeffery J. Mondak[10], dans le contexte américain, montrent même que les électeurs attendraient d'un dirigeant politique qu'il soit compétent plutôt qu'amical. Ce constat n'est pas forcément étonnant, mais il remet en question l'omnipotence de l'impératif de proximité.

Certes, les impressions de compétence et de proximité ne sont pas nécessairement antagonistes, elles peuvent même se compléter[11]. Néanmoins, dans la sphère politique, l'établissement d'un lien entre proximité et compétence peut se révéler compliqué. Certains auteurs comme Bernard Manin[12] ont montré que, dans ce domaine, la compétence ne repose pas sur des critères objectifs mais s'exprime de manière relative : dans un régime représentatif, les citoyens attendent de leurs représentants politiques qu'ils ne soient pas des citoyens comme les autres, mais des citoyens « distingués » par des compétences particulières, qui leur donnent la légitimité de s'exprimer et de gouverner au nom de l'ensemble de la nation.

Or, nous l'avons montré, la communication sur les nouveaux réseaux sociaux cherche dans la plupart des cas à donner une impression de proximité avec les électeurs, mais pas de compétence particulière. Le risque est donc que de tels formats sapent finalement la légitimité perçue des candidats et viennent, *in fine*, nourrir la crise de la représentation politique.

Seconde partie

La crise de la représentation politique, une crise médiatique ?

À ce stade de notre enquête, nous sommes parvenu à la conclusion selon laquelle les médias déterminent fortement la nature de la communication des représentants politiques, ainsi que ses stratégies. Mais cette communication, à son tour, agit-elle profondément sur les comportements politiques des citoyens qui y sont exposés ? Le paysage médiatique actuel, en particulier les nouveaux médias, viennent-ils nourrir ce que nous avons identifié comme une crise multiforme de la représentation politique ? Dans un univers où les moyens utilisés pour s'informer sont de plus en plus hétérogènes, cette diversité éloigne-t-elle les citoyens les uns des autres ?

C'est donc aux effets de ces différents médias sur les principales dimensions de la crise de la représentation politique que nous allons désormais nous intéresser. Le média utilisé pour s'informer a-t-il une influence sur la participation électorale (Chapitre 3) ? Sur le vote pour les partis populistes (Chapitre 4) ? Sur les attitudes complotistes (Chapitre 5) ? Et, enfin, sur la polarisation de notre société (Chapitre 6) ?

Chapitre 3

L'influence du comportement médiatique sur la participation électorale

Au printemps 2024, plus de deux tiers des électeurs se sont déplacés au premier et au second tour des législatives provoquées par la dissolution de l'Assemblée nationale. Néanmoins, à bien des égards, ces taux de participation extrêmement élevés relèvent de l'anomalie davantage que de la norme, si l'on prend en compte l'histoire politique de ces dernières décennies. L'effet de sidération provoqué par cette dissolution surprise et le risque (ou l'opportunité, si l'on se place du point de vue des électeurs RN) de voir Jordan Bardella arriver à Matignon a largement expliqué ce regain de participation.

La séquence électorale du printemps 2022 en France, en revanche, a été marquée par une abstention massive. Seuls 36 % des électeurs ont participé aux deux tours de l'élection présidentielle et aux deux tours des élections législatives[1]. La participation électorale en France est ainsi de plus en plus intermittente : si elle reste à un niveau relativement élevé et stable au cours du temps pour l'élection présidentielle, elle diminue fortement lors des autres scrutins[2]. Ce phénomène, particulièrement marqué au sein des jeunes générations, pose un problème majeur : les représentants politiques, élus avec un nombre d'électeurs toujours plus faible, ne sont parfois plus jugés suffisamment légitimes pour mettre en place des politiques publiques, notamment en période de crise[3], comme en 2020 lors de l'épidémie de Covid-19[4]. La baisse de la participation électorale est donc bien l'un des aspects de la crise de la représentation politique.

Ce phénomène n'est d'ailleurs pas propre à la France[5]. En 1990, Ronald Inglehart[6] notait que la participation politique « dirigée par les élites » déclinait au sein des démocraties occidentales qui ont subi une transition culturelle les faisant passer de valeurs matérialistes à des valeurs postmatérialistes. Les nouvelles générations seraient de plus en plus défiantes vis-à-vis des formes traditionnelles d'expression politique et, notamment, vis-à-vis de la participation électorale.

Pour Ronald Inglehart, cette crise de la représentation politique s'expliquerait en grande partie par le phénomène d'individualisation : les citoyens n'accepteraient plus la « remise de soi » à un parti ou à des représentants politiques, mais préféreraient au contraire participer politiquement en dehors des institutions. Outre ces éléments expliquant l'évolution structurelle de l'abstention, des travaux se sont focalisés sur les déterminants de la participation politique lors d'une élection et ont mis en lumière les rôles déterminants de la classe sociale d'appartenance[7], de l'âge[8] ou de la génération[9] – nous y reviendrons.

L'une des causes potentielles de l'abstention a néanmoins peu été étudiée dans le cas français : le rôle des médias. Or, tout un courant de recherche, notamment regroupé autour des travaux de Pippa Norris[10], est venu démontrer que le fait de s'informer politiquement pouvait être largement corrélé à une plus forte connaissance des enjeux politiques, à une plus grande confiance dans les institutions politiques du pays et donc, finalement, à une plus forte participation aux élections[11].

Dans la première partie de ce livre, nous avons pour notre part mis en lumière un paysage médiatique beaucoup plus fractionné qu'auparavant[12] et, dans ce cadre, une évolution globale de la communication des représentants politiques vers une utilisation de plus en plus massive de nouveaux formats comme les réseaux sociaux[13] ou les émissions d'*infotainment*[14]. Nous avons par ailleurs démontré qu'il ne s'agissait pas seulement d'une évolution de formats, mais également d'une évolution de contenus. La communication des représentants politiques est profondément différente selon qu'ils s'expriment dans des formats médiatiques classiques, dans des émissions d'*infotainment* ou sur leurs réseaux sociaux, et ce, aussi bien sur le fond que sur la forme.

Nous pensons que les contenus proposés par les médias peuvent bel et bien influencer l'intérêt des spectateurs pour la politique et la participation électorale, ce que permettent par exemple de penser Jody Baumgartner et Jonathan S. Morris[15] lorsqu'ils montrent qu'un traitement sarcastique et négatif de la politique diminue la confiance des jeunes dans le processus électoral.

Surgissent dès lors trois questions centrales : d'une part, dans le cas français, le fait de s'informer politiquement est-il toujours un gage de participation électorale ? D'autre part, existe-t-il une différence d'effets sur la participation électorale selon le type de médias utilisés pour s'informer ? Enfin, s'il existe bien un lien entre l'utilisation des médias et la participation électorale, quel est le sens de la relation en question ?

Utilisation des médias et participation électorale

Une participation électorale sous influence

De nombreuses démocraties occidentales sont marquées par une intermittence et un déclin de la participation électorale[16], le cas français étant typique à cet égard. La Figure 8 (p. 102) le montre très clairement : en dehors de l'élection présidentielle – élection structurante de la vie politique française –, le taux de participation y décline structurellement lors des différentes élections.

Figure 8. Évolution du taux de participation électorale en France selon les différents types de scrutins[17]

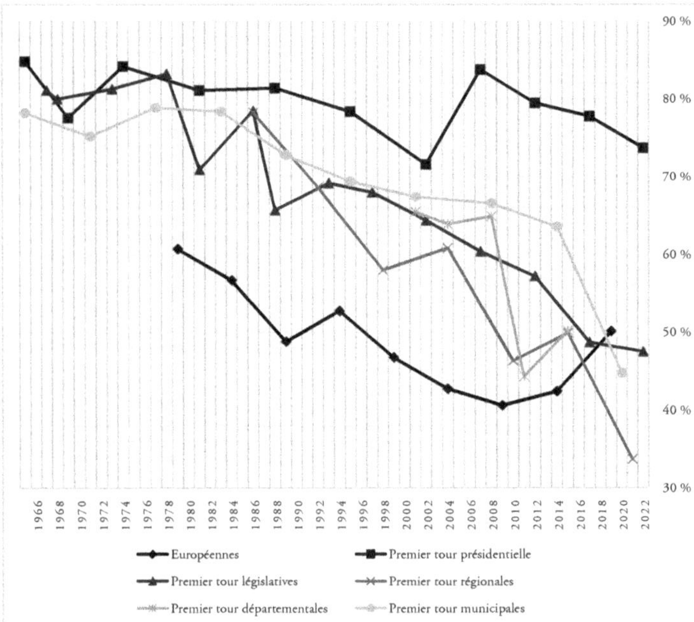

Ces données sont largement corroborées par des enquêtes qualitatives montrant que parler de politique institutionnalisée est largement dévalué, voire source de moqueries, dans les milieux populaires (voir par exemple l'enquête, parue en 2016, de Daniel Gaxie et Clémentine Berjaud[18]). Au sein de ces derniers, nous serions en train de passer d'une norme participationniste à une norme d'abstention électorale, c'est-à-dire à une « démocratie de l'abstention[19] », comme l'expriment Céline Braconnier et Jean-Yves Dormagen. Les citoyens participeraient ainsi davantage au processus électoral lorsqu'ils se sentent compétents politiquement et ce sentiment de compétence se retrouverait davantage dans les classes sociales supérieures, présentant un niveau d'éducation plus élevé[20]. Si, dans les démocraties occidentales des Trente Glorieuses, les partis de masse pouvaient combler cet écart de politisation et pousser les classes populaires à participer électoralement, le déclin des grandes formations partisanes aurait entraîné un recul de cette participation[21].

Pour certains auteurs, comme Yascha Mounk et Roberto Stefan Foa, le problème serait même encore plus large. Il ne s'agirait pas seulement d'une crise de la représentation politique mais d'une crise de la démocratie : les nouvelles générations ne considéreraient plus comme essentiel de vivre dans un régime démocratique et seraient en proie à une « tentation autoritaire[22] ». Si cette analyse a été largement critiquée et remise en question, par exemple par Pippa Norris[23], elle souligne néanmoins à quel point l'inquiétude est palpable concernant la solidité et la vitalité des démocraties libérales.

Ces analyses ont été complétées par des explications en termes d'âge, et, plus précisément encore, de générations. Selon la thèse classique, formulée par Anne Muxel, du « moratoire politique[24] », la jeunesse serait une période qui détournerait les citoyens des urnes, et un regain de participation politique aurait lieu à partir de la trentaine. Cette thèse a cependant été amendée par de nombreux travaux[25]. Ce ne serait pas tant l'âge que la cohorte de naissance qui déterminerait la participation politique. La jeune génération actuelle aurait ainsi un comportement électoral beaucoup plus intermittent, se détournant des élections intermédiaires mais revenant aux urnes lors de la présidentielle. L'étude de données collectées sur de longues périodes temporelles montre d'ailleurs à quel point ces comportements politiques perdurent tout au long de la vie: la participation politique serait donc davantage liée à la cohorte d'appartenance qu'à l'âge au moment de l'élection.

D'autres auteurs insistent pour leur part sur le *gender gap*. Si celui-ci a disparu pour les élections structurantes de la vie politique, il perdurerait pour celles jugées moins importantes, les femmes se déplaçant toujours moins que les hommes à ce type de scrutins[26]. À nouveau, le sentiment de compétence politique expliquerait largement ce phénomène. La socialisation politique genrée laisserait penser aux femmes qu'elles sont moins compétentes, les détournant ainsi en partie de l'isoloir.

En dehors de ces explications classiques, d'autres facteurs, médiatiques cette fois, ne peuvent-ils pas exercer une influence sur la participation électorale ?

S'informer est-il un gage de participation électorale ?

On se le représente intuitivement : les médias donneraient aux citoyens les clés de compréhensions des enjeux politiques, ce qui augmenterait *de facto* leur intérêt pour la politique et renforcerait finalement leur participation électorale. De nombreux travaux vont dans ce sens, y compris ceux de Pippa Norris[27], et les données disponibles confirment cette théorie : plus on s'expose aux médias, plus on est intéressé par la politique. Même les médias peu politisés contiendraient toujours une part d'informations sur les sujets de société qui seraient utiles aux citoyens. L'environnement « hypermédiatique » dans lequel nous nous trouvons actuellement serait donc une bonne chose pour la politisation des citoyens, venant nourrir un « cercle vertueux[28] »

– une interaction positive largement confirmée par la littérature internationale sur le sujet[29]. Or cet environnement hypermédiatique serait également à même de créer d'importantes inégalités en termes de consommation d'informations, les citoyens non intéressés par la politique pouvant s'en détourner largement. Il existerait donc une coupure assez nette : les plus intéressés par la politique consommeraient beaucoup d'informations politiques et participeraient électoralement, quand les moins intéressés ne consommeraient pas d'informations et se détourneraient des urnes.

C'est cette relation que nous souhaitons confirmer dans le cas français en formulant l'hypothèse suivante : une personne qui s'informe sur la politique participe davantage aux élections qu'une personne qui ne s'informe pas.

Des médias différents aux effets similaires ?

À la vision optimiste du « cercle vertueux » entre médias et participation électorale s'opposent d'autres, plus pessimistes, pointant du doigt les contenus inégaux proposés par les différents formats médiatiques. Les tenants du « *media malaise*[30] » insistent : on ne peut considérer les contenus médiatiques dans leur globalité sans prendre en considération toute leur diversité. Parler d'« effets des médias » n'aurait que peu de sens et il serait au contraire beaucoup plus pertinent de s'intéresser aux « effets différenciés des médias ». Cette approche nous paraît bien plus féconde. Elle permet par exemple de se poser la question suivante : un spectateur de *Touche pas à mon poste* participe-t-il autant électoralement qu'un auditeur de France Culture ?

Nous l'avons vu, quatre façons d'analyser la communication politique nous sont utiles pour appréhender cette diversité médiatique : la distinction entre jeu et enjeux politiques, celle entre registres individuel et institutionnel, l'accent sur les émotions et le caractère plus ou moins contrôlé du discours. Tous ces éléments sont susceptibles d'avoir un effet sur la participation électorale de qui y est confronté. La focalisation sur le jeu politique au détriment des enjeux politiques négligerait de donner aux citoyens les clés de compréhension pour faire leurs choix électoraux[31] et favoriserait un traitement « négatif » de la politique, centré sur les attaques personnelles entre les candidats, nuisant à l'image noble et désintéressée de la politique. Une conséquence directe serait de détourner les citoyens de l'isoloir, voire de les dégoûter durablement de la politique[32]. A l'inverse, une forte personnalisation de la communication politique serait plus à même de retenir l'attention des citoyens et d'augmenter la participation électorale. « L'effet du leader » serait ainsi le vrai élément déterminant le choix de se déplacer ou non le jour du scrutin et se renforcerait par ailleurs au cours du temps[33]. Les émotions sont quant à elles de puissants moteurs de participation politique, que ce soit dans les institutions au moment du vote[34] ou en dehors des institutions via des mouvements sociaux[35]. Il existerait par ailleurs un mécanisme de contagion émotionnelle[36] : plus les représentants politiques utilisent une rhétorique émotionnelle dans leur communication, plus les citoyens sont à même de ressentir ces émotions. Enfin, plus une communication est contrôlée, plus elle est favorable au représentant politique et peut donc avoir des effets globaux positifs en termes de participation électorale.

Or, justement, ces quatre grands types de contenus médiatiques sont très loin d'être présents dans des proportions similaires dans les trois grands types de médias dans lesquels les représentants politiques sont amenés à s'exprimer : les émissions classiques, les programmes d'*infotainment* et les réseaux sociaux, qu'ils soient de première ou de deuxième génération.

La diversification des formats médiatiques est donc allée de pair avec une diversification des contenus. La communication dans les émissions politiques classiques est davantage centrée autour des enjeux politiques que du jeu politique, avec une forte rhétorique émotionnelle et un registre davantage institutionnel qu'individuel, et elle doit être négociée avec le journaliste. Au contraire, la communication directe en ligne, si elle valorise également les enjeux politiques (en particulier sur les réseaux sociaux de première génération) et la rhétorique émotionnelle, est pour sa part totalement contrôlée par le représentant politique et le registre utilisé est davantage individuel qu'institutionnel. Les émissions d'*infotainment* occupent quant à elles une position intermédiaire entre la communication dans les émissions politiques classiques et la communication directe en ligne, en termes de contrôle du discours et de registre utilisé. Cependant, le jeu politique y est prépondérant et la rhétorique émotionnelle assez peu utilisée.

Nous pouvons ainsi aboutir au tableau suivant (Figure 9, p. 110), qui synthétise les effets des différents contenus sur la participation électorale, en même temps que la présence de ces contenus dans les différents formats analysés.

Figure 9. Contenus médiatiques et effets potentiels sur la participation électorale

	Effets sur la participation électorale	**Présence dans les différents formats**		
		Émissions politiques classiques	**Émissions d'*infotainment***	**Communication sur les réseaux sociaux**
Enjeux politiques	Effet positif	Forte	Faible	Forte
Registre individuel	Effet positif	Faible	Forte	Très forte
Émotions	Effet positif	Forte	Faible	Forte
Contrôle de la communication	Effet positif	Très faible	Plutôt forte	Très forte

Observer que les quatre types de contenus pouvant avoir un effet positif en termes de participation électorale sont surreprésentés sur les réseaux sociaux par rapport à leur présence dans les émissions d'*infotainement* et dans les médias classiques nous a guidé à faire l'hypothèse suivante : les citoyens s'informant prioritairement via Internet et les réseaux sociaux participent davantage lors des élections que les personnes s'informant d'une autre manière.

Les réseaux sociaux créent-ils de nouveaux électeurs ?

Si le fait de s'informer de manière générale, d'une part, et, plus précisément, via les réseaux sociaux, d'autre part, est bien lié à une plus forte participation électorale, le sens de la relation nécessite néanmoins d'être étudié plus précisément.

Dans la littérature, cette question distingue ainsi les partisans de la thèse des effets mobilisateurs d'Internet et des réseaux sociaux[37] des partisans de la thèse du « renforcement[38] ». Pour les premiers, Internet et les réseaux sociaux seraient en mesure d'activer la participation politique et le vote parce que leur contenu serait plus accessible, moins austère. Au contraire, pour les seconds, le contenu des médias ne serait pas en mesure de générer des comportements politiques particuliers, notamment en termes de participation électorale. S'ils constatent bien, par exemple, des relations de corrélation entre l'utilisation des médias en ligne et la participation politique, l'effet serait toutefois inverse : les plus politisés et participationnistes s'informeraient via Internet et les réseaux sociaux parce qu'ils y trouveraient un contenu plus adéquat, plus pointu, mais ces médias ne seraient pas en mesure de créer de nouvelles attitudes.

Même si davantage d'études montrent que les effets de renforcement sont généralement plus présents que les effets de mobilisation, la première partie de ce livre a montré à quel point la communication des représentants politiques était différente selon le type de formats dans lequel ils s'expriment. Dans ces conditions, nous faisons donc l'hypothèse que le contenu des médias en général et des réseaux sociaux en particulier explique les différences de participation électorale.

Les effets des médias en contexte électoral : l'exemple de la séquence électorale de 2022

L'information détermine la participation électorale

Afin de déterminer s'il existe bien un lien statistique entre pratiques médiatiques et participation électorale, prenons l'exemple de deux élections françaises : le premier tour de l'élection présidentielle de 2022 et le premier tour des élections législatives de 2022. Distinguer l'élection présidentielle des élections législatives est en effet indispensable, tant, comme nous le démontrions précédemment, les dynamiques de participation sont différentes dans ces deux types d'élections[39]. En effet, si 26 % des électeurs se sont abstenus de voter au premier tour de la présidentielle de 2022, ce chiffre s'élevait à 52 % au premier tour des législatives.

Afin de réaliser une modélisation de la participation électorale des Français, nous avons utilisé les données panélisées de l'Enquête électorale française, réalisée par vagues successives tout au long de la campagne électorale par l'institut IPSOS pour le compte du Cevipof et de la Fondation Jean-Jaurès. Ce procédé statistique permet de comprendre, parmi une pluralité de variables (l'âge, le sexe, le positionnement politique, le média utilisé pour s'informer...), laquelle ou lesquelles ont une influence sur le phénomène que l'on cherche à étudier. Ce procédé est donc beaucoup plus précis que les simples croisements réalisés par les instituts de sondage et est le seul à même de pointer avec précision les relations pouvant exister entre différentes variables.

Au cours de la séquence électorale de 2022, 83 % des Français en âge de voter se sont informés politiquement, quand 17 % ne se sont pas informés. Or, comme le montre la Figure 10 en Annexes (p. 194), l'information politique joue un rôle essentiel sur les dynamiques de participation.

Au premier tour de la présidentielle, comme au premier tour des législatives, le fait de s'être informé politiquement est lié à une plus forte mobilisation électorale. On observe également que, dans le cas du premier tour de l'élection présidentielle comme dans le cas du premier tour des élections législatives, les variables sociologiques classiques jouent un rôle pour expliquer la participation électorale. Ce point est essentiel car il montre que les facteurs influençant la participation politique sont multiples, ni complètement sociologiques, ni complètement médiatiques.

Dans un cas comme dans l'autre, plus l'âge des répondants augmente, plus leur probabilité de s'être déplacés le jour des scrutins est importante, toutes choses égales par ailleurs[40]. De la même manière, la catégorie sociale a un impact sur la participation à ces scrutins. Comparées aux catégories intermédiaires – et toutes choses égales par ailleurs –, les catégories populaires (ouvriers et employés) et les inactifs se sont moins déplacés aux deux scrutins. Les artisans, commerçants et chefs d'entreprise se sont également davantage abstenus lors de la présidentielle, tout comme les retraités, à âge égal.

Parallèlement, l'autopositionnement politique joue un rôle différent lors des deux scrutins. Lors du premier tour de l'élection présidentielle, comparés aux personnes se positionnant au centre, les électeurs se positionnant à droite et à l'extrême droite se sont davantage mobilisés. C'est également le cas lors du premier tour des élections législatives, avec, comme différence notable, une surmobilisation des électeurs se positionnant à l'extrême gauche. La confiance politique est également un très bon prédicteur de la participation électorale. Toutes choses égales par ailleurs, plus les électeurs avaient confiance dans les différentes institutions politiques, plus ils se sont mobilisés lors du premier tour de l'élection présidentielle et lors du premier tour des législatives.

Utiliser Internet et les réseaux sociaux est lié à une plus forte participation électorale

Le fait de s'informer sur la politique a donc une influence sur la participation électorale. Néanmoins, les personnes s'informant politiquement utilisent différents types de médias. Au moment de la séquence électorale du printemps 2022, 31 % des personnes interrogées se sont d'abord informées par les journaux télévisés, 18 % par des médias en ligne ou via leurs réseaux sociaux, 17 % par les chaînes d'information en continu, 12 % par la radio, 11 % par les émissions d'*infotainment* et 11 % par la presse écrite. Pour déterminer si le type de média utilisé pour s'informer a un lien statistique avec la participation électorale, nous avons réalisé une modélisation de la participation électorale intégrant dans le modèle le premier média utilisé pour s'informer (voir Figure 11 en Annexes, p. 196).

Ces résultats nous invitent à distinguer les effets des types de médias utilisés lors de l'élection présidentielle et lors des élections législatives, pour lesquelles le niveau d'abstention est beaucoup plus élevé. En effet, toutes choses égales par ailleurs, le premier média utilisé pour s'informer n'a pas d'influence sur le vote au moment de la présidentielle. Lors de cette élection, seul l'âge au moment de voter, certaines catégories socioprofessionnelles, l'autopositionnement politique et le niveau de confiance politique expliquent les dynamiques de participation. Ce n'est cependant pas le cas lors des élections législatives, où le premier média utilisé a une influence sur la participation électorale. Cela nous rappelle qu'il convient de distinguer les temps les plus chauds de la vie politique, soit l'élection présidentielle en France, des temps plus froids, comme les législatives. Par rapport à un citoyen s'informant via les journaux télévisés, le fait de s'informer via Internet et les réseaux sociaux augmente la certitude d'aller voter au premier tour des élections législatives. C'est par ailleurs le seul comportement médiatique qui est lié à une dynamique de participation électorale particulière.

Nous pouvons en conclure que, dans les contextes politiques les plus mobilisateurs, le type de média utilisé pour s'informer n'a pas d'influence sur la participation électorale. Mais, quand le niveau d'intérêt politique est plus faible, comme lors des élections législatives, le fait de s'informer via Internet et les réseaux sociaux augmente la participation politique. Une fois encore, parler d'« effets de médias » en général et en toutes circonstances n'a donc que peu de sens. D'une part, seuls Internet et les réseaux sociaux ont une influence sur la participation électorale. D'autre part, cela se révèle vrai uniquement pour les élections législatives, moins mobilisatrices que l'élection présidentielle.

Le sens de la relation entre utilisation d'Internet et participation électorale

La première partie de ce chapitre a ainsi fourni deux résultats importants, grâce à l'utilisation de données de sondages en population générale. D'une part, il existe bien un lien entre le fait de s'informer et la participation électorale. D'autre part, l'utilisation d'Internet et des réseaux sociaux, dans le contexte des élections législatives de 2022, est liée à une plus forte participation électorale. C'est ce second point que nous cherchons à présent à comprendre plus précisément : quel est le sens de la relation en question ? Est-ce l'utilisation d'Internet et des réseaux sociaux qui entraîne une plus forte participation électorale ou est-ce, au contraire, un comportement plus participationniste qui pousse à s'informer sur Internet et sur les réseaux sociaux ?

Saisir des relations de causalité grâce à une méthodologie expérimentale

Répondre à cette question nécessite d'utiliser une méthodologie différente de celle utilisée dans la première partie de ce chapitre. L'utilisation de sondages classiques, demandant aux interviewés d'expliciter à la fois leurs pratiques médiatiques et leurs choix électoraux ne permet pas de dégager directement de relations de causalité[41]. C'est un problème récurrent auquel sont confrontées les études sur les effets des médias. Par exemple, lorsque Erik Nisbet, Elizabeth Stoycheff et Kathy E. Pearce[42] montrent avec une série de sondages réalisés dans vingt-huit pays, totalisant plus de trente-sept mille répondants, que plus les citoyens utilisent Internet, plus ils ont des demandes démocratiques élevées, ils ne sont toutefois pas à même de déterminer le sens de la relation en jeu. Est-ce leur utilisation d'Internet qui les amène à développer davantage de préoccupations démocratiques ? Est-ce au contraire leurs préoccupations démocratiques qui les poussent à utiliser davantage Internet, pour s'informer ou pour échanger avec d'autres ?

En revanche, l'utilisation d'une méthodologie expérimentale peut, elle, permettre de dégager des relations de causalité entre deux variables[43] et donc présenter un intérêt majeur. En effet, l'expérience, consistant à séparer de manière aléatoire un échantillon – un groupe test reçoit un traitement/stimuli particulier quand un groupe témoin n'en reçoit aucun[44] –, peut permettre d'observer une variation du comportement ou des opinions entre le groupe test et le groupe témoin, et ainsi d'en déduire que le stimulus est la cause de cette variation.

Nous avons donc effectué une expérience en ligne, avec quatre conditions d'étude. Les participants étaient assignés aléatoirement soit à un groupe « média classique », soit à un groupe « *infotainment* », soit à un groupe « YouTube », soit à un groupe de contrôle ne recevant aucun traitement médiatique. Les vidéos comprenaient uniquement des extraits d'interventions du même représentant politique : François Ruffin. Choisir la même personnalité politique dans les différents extraits est indispensable pour se prémunir contre un effet de proximité partisane selon les représentants politiques présentés. Nous avons fait le choix spécifique de François Ruffin, à l'époque député du groupe parlementaire de La France insoumise, car il est fortement médiatisé et présente la caractéristique d'intervenir à la fois dans des émissions télévisées classiques, dans des émissions d'*infotainment* et sur sa chaîne YouTube. Nous avons enfin sélectionné des vidéos d'une durée de cinq minutes chacune et respectant globalement les caractéristiques de chacun des formats étudiés sur plusieurs points (mise en avant des enjeux politiques et du jeu politique, rhétorique émotionnelle, registre individuel ou institutionnel, communication contrôlée ou négociée).

L'absence d'effets de contenus

Notre modélisation statistique (voir Figure 12 en Annexes, p. 198) nous a mené au constat suivant : toutes choses égales par ailleurs, les extraits visionnés n'ont pas eu d'effets, ni positifs ni négatifs, sur la volonté de participer électoralement. Celui-ci peut par ailleurs être interprété de deux façons différentes : d'une part, le fait de regarder les médias en général n'a pas d'impact sur l'intention de participer électoralement. D'autre part, le fait de regarder un type de média en particulier, plutôt qu'un autre, n'a pas non plus d'effets particuliers sur l'intention de voter aux scrutins suivants.

Ces résultats combinés à ceux présentés dans la première partie de ce chapitre en population générale sont intéressants. Dans cette première étude, nous montrions que, lors des élections législatives, le fait de s'être informé en ligne augmentait, toutes choses égales par ailleurs, la probabilité d'aller voter. Nous montrions également que, lors de la présidentielle comme lors des législatives, le fait de s'informer, par rapport au fait de ne pas s'informer, augmentait la probabilité de participer électoralement.

Mais il subsistait une incertitude sur le sens de ces relations : était-ce le contenu présent dans les médias en général, et en ligne en particulier, qui activait une dynamique de participation ? La seconde partie de ce chapitre vient ainsi s'opposer à la thèse des effets de « mobilisation » des médias et des contenus en ligne. Le fait d'avoir regardé un type de contenu plutôt qu'un autre, ou de n'avoir regardé aucun extrait, n'a pas d'effets particuliers sur l'intention d'aller voter. Le sens des deux relations générales que ce chapitre met en lumière est donc le suivant, si on l'exprime de manière brute : les citoyens ayant l'intention d'aller voter s'informent politiquement, ceux n'ayant pas l'intention d'aller voter ne s'informent pas. Et, de manière plus précise, les citoyens ayant le plus envie de se déplacer s'informent en ligne, plutôt que via d'autres médias plus classiques.

Vers des inégalités de participation électorale

La séquence électorale du printemps 2022 en France est ainsi un cas typique de la situation aujourd'hui partagée par nombre de démocraties libérales, c'est-à-dire du déclin structurel, bien qu'intermittent, de la participation électorale.

Dans ce contexte, notre objectif dans ce chapitre était de comprendre si, en dehors des variables classiques (âge/génération, catégorie socioprofessionnelle, confiance politique, etc.), les pratiques médiatiques des électeurs influencent leur participation électorale. L'utilisation de données de sondage montre, d'une part, que le fait de s'informer politiquement est fortement lié à la participation électorale. D'autre part, lorsque l'on se focalise sur le type de médias utilisés pour s'informer, il existe bien une corrélation positive entre l'utilisation d'Internet et des réseaux sociaux et la participation électorale pour les élections de second ordre. Cela est un point central pour les futures recherches. S'il semble indispensable de ne pas considérer les effets des médias dans leur globalité mais d'entrer dans le détail de leur diversité, il est également nécessaire de ne pas considérer les élections de manière générale : des liens entre comportements médiatiques et participation électorale peuvent apparaître lors de certaines élections mais pas à l'occasion d'autres, pour lesquelles les variables politiques et sociologiques classiques sont encore prépondérantes.

Néanmoins lorsque l'on cherche à étudier le sens de ces relations grâce à une méthodologie expérimentale, notre étude tend à montrer qu'il n'existe pas d'effets de « mobilisation » des médias en ligne en termes de participation électorale[45].

Plus généralement, c'est un constat assez nuancé que nous sommes amené à dresser. Certes, Internet et les réseaux sociaux ne sont pas une cause de l'abstention électorale et ils rassemblent même davantage de citoyens participationnistes, mais il n'existe pas non plus d'activation de comportements participationnistes lors des élections, via les médias en général et via les médias en ligne en particulier.

Finalement, les inégalités de participation pourraient donc être amenées à se renforcer, les citoyens participationnistes consommant de plus en plus d'informations politiques, ces dernières les poussant en retour à davantage participer électoralement. À l'inverse, un « cercle vicieux » se créerait pour les citoyens les moins participationnistes : leur rejet de la politique les pousserait à moins s'informer et ce manque d'informations et de connaissances politiques entraînerait une plus faible participation électorale.

Chapitre 4

Les réseaux sociaux créent-ils des électeurs pour les partis populistes ?

L'élection présidentielle de 2022, en particulier son premier tour, a été un succès indéniable pour les partis « populistes »[1], qui ont dépassé en cumulé la barre des 50 % de suffrages exprimés. Marine Le Pen a ainsi obtenu 23 % des voix, Jean-Luc Mélenchon 22 % et Éric Zemmour, néocandidat aux accents également populistes[2], 7 %. La question du populisme a été particulièrement analysée, en France comme à l'étranger, depuis une vingtaine d'années. Nous en avons déjà dessiné les contours dans l'introduction de ce livre, mais nous redisons quelques mots à son propos ici.

Selon la définition idéationnelle du populisme[3], celui-ci serait une « idéologie fine » basée sur une vision du monde opposant un peuple pur à une élite corrompue. Le fondement de la politique serait l'expression de la « volonté générale » du peuple et porterait donc en germe une certaine radicalisation de la démocratie, en particulier au sein du populisme de gauche[4]. Bien sûr, des éléments fondamentaux distinguent ce populisme de gauche représenté en 2022 par la candidature de Jean-Luc Mélenchon, et le populisme de droite radicale que l'on retrouve chez Marine Le Pen et Éric Zemmour. En particulier, la conception du peuple « inclusive » au sein du populisme de gauche et « exclusive » (limitée à une communauté nationale homogène) au sein du populisme de droite radicale est un élément de distinction décisif[5].

Les facteurs structurels du vote pour les partis populistes ont été largement étudiés à l'international. Ces partis prendraient tout d'abord leur essor dans le cadre d'une restructuration du système partisan au sein des démocraties occidentales après la crise financière de 2008, les partis traditionnels de centre gauche et de centre droit y ayant considérablement perdu en légitimité[6]. Plus encore, le vote pour les partis populistes, tout comme le soutien à des mouvements populistes, proviendrait d'une insatisfaction majeure vis-à-vis du fonctionnement des démocraties occidentales et remettrait en question les principes de représentation politique pour valoriser, au contraire, des formes plus directes de démocratie[7]. Comme nous l'avons déjà expliqué, le fait que le populisme soit intrinsèquement lié à la crise de la représentation politique est la raison pour laquelle nous l'étudions dans ce livre. Enfin, le populisme comme « idéologie fine[8] » s'articulerait avec des idéologies politiques préexistantes. En ce sens, le vote pour les partis populistes d'extrême droite se lierait au *cultural backclash*[9] – soit la crainte ressentie face à la transition culturelle des sociétés occidentales qui favoriserait notamment davantage d'inclusion pour les minorités –, quand le vote pour les partis populistes de gauche radicale serait pour sa part lié à l'insécurité économique ressentie dans un contexte de mondialisation[10].

Pourtant, ici encore, un autre facteur peut également se révéler déterminant dans le vote pour les partis populistes : les pratiques médiatiques. Nous rejoignons en effet les auteurs[11] pour lesquels la question populiste ne devrait pas s'analyser à travers le seul prisme des idées, mais aussi de la communication. Il nous semble que le populisme est intrinsèquement lié à un style de communication particulier, dans lequel les leaders politiques cherchent à se distinguer des élites et à montrer au contraire une proximité avec le « peuple », voire, une appartenance à ce dernier[12]. Donald Trump, milliardaire américain, fustigeant des élites dont il fait pourtant indéniablement partie, est certainement l'archétype de ce phénomène.

Il est donc intéressant de se pencher sur la manière dont les leaders populistes utilisent les nouveaux canaux de communication en ligne, en particulier les réseaux sociaux, pour afficher cette proximité particulière avec le peuple. Le fait que ces canaux fonctionnent sans l'intermédiaire de journalistes n'est guère un hasard. C'est également un point qui ressortait de la première partie de ce livre : en faisant fi des intermédiaires médiatiques, les représentants politiques populistes cherchent à créer un lien de proximité plus important avec les électeurs tout en montrant leur insoumission vis-à-vis de l'oligarchie médiatique qu'ils incriminent à longueur de discours[13].

Mais c'est un autre pan du lien entre médias et populisme que nous cherchons à étudier dans ce chapitre, non pas centré sur l'offre électorale, mais sur les électeurs eux-mêmes. Si les réseaux sociaux sont tout particulièrement indiqués pour les acteurs populistes, le sont-ils tout autant pour leurs électeurs ?

L'utilisation d'Internet et des réseaux sociaux pour s'informer lors d'une campagne électorale est-elle liée à un survote pour les partis populistes, qu'ils soient de gauche ou de droite radicale ? Et si ce lien se vérifie, quel est le sens de la relation ? Il s'agit de savoir si s'informer en ligne est à même de convaincre des électeurs de voter pour des partis populistes ou si, au contraire, les électeurs populistes déjà convaincus vont simplement plus s'informer en ligne que d'autres types d'électeurs.

Le vote pour les partis populistes en 2022 : un « vote en ligne » ?

Internet et le vote populiste

En étudiant la campagne présidentielle française de 2017, Thierry Vedel montre que les différents électorats ne se sont pas informés de la même manière et qu'ils ont privilégié des chaînes de télévision distinctes[14]. L'électorat de Jean-Luc Mélenchon privilégie par exemple largement les journaux télévisés des chaînes publiques, quand l'électorat de François Fillon s'informe davantage via le journal de TF1. Bien sûr, cette étude ne permet pas de répondre à un point essentiel : le comportement politique détermine-t-il le choix de média ou le média détermine-t-il le comportement politique ? C'est à cette question que tentent déjà de répondre Vincent Tiberj et Thierry Vedel lors de l'élection présidentielle de 2007[15]. En utilisant des données de panel, ils mettent en évidence l'effet d'un certain type de comportement médiatique sur les électeurs non alignés. Chez ces électeurs sans sympathie partisane particulière, le fait d'avoir regardé TF1 plutôt qu'une autre chaîne a augmenté la probabilité de voter pour Nicolas Sarkozy – le candidat de droite – au second tour de l'élection.

De manière plus spécifique maintenant, le type de médias utilisé pour s'informer peut être à l'origine de pratiques électorales différentes. On peut penser que l'utilisation de médias en ligne comme première source d'information politique est liée à un survote pour les partis populistes, et ce pour deux raisons.

D'une part, depuis longtemps, dans de nombreuses démocraties occidentales, les partis populistes sont les plus présents sur les espaces en ligne. L'extrême droite en particulier a su tirer profit des possibilités offertes par ces plateformes numériques, et même dans une perspective transnationale[16]. La gauche radicale y est également singulièrement présente.

En Espagne, par exemple, c'est par la gauche radicale que les réseaux sociaux ont fait leur entrée dans le champ politique[17]. Le mouvement Podemos a commencé à se faire connaître en ligne uniquement avec une émission appelée *La Tuerka*. L'émission a commencé à accumuler les vues, et le fait que le leader Pablo Iglesias y présentait des éléments controversés et provocateurs a entraîné son invitation sur des plateaux télé, d'*infotainment* au départ, puis plus classiques. En France, si l'extrême droite était présente depuis de nombreuses années sur Internet et sur les réseaux sociaux[18], la campagne présidentielle de 2017 a marqué un profond tournant. D'une part, l'utilisation des réseaux sociaux y a été massive. D'autre part, c'est davantage par la gauche du spectre politique que ce mouvement s'est opéré, créant ainsi une forme de parallèle avec le cas espagnol. Le leader de La France insoumise, Jean-Luc Mélenchon, a ainsi fait des réseaux sociaux, et notamment de sa chaîne YouTube, un des principaux axes de sa campagne, dans une stratégie assumée de contournement du système médiatique[19]. Ces dernières années, ce phénomène n'a fait que se renforcer avec peut-être pour point d'orgue l'utilisation de TikTok par Jordan Bardella lors de la campagne pour les élections européennes de 2024.

D'autre part, dans une perspective communicationnelle et non pas idéelle, le populisme se matérialise par un style particulier, à travers lequel le leader populiste cherche à mettre en scène sa proximité avec la population, comme l'expliquent Elena Block et Ralph Negrine[20]. Ces derniers rappellent en effet à quel point l'*idée* populiste va de pair avec un *style* populiste qui présuppose de créer un lien de proximité particulier avec la population, le but étant de démontrer l'appartenance du leader populiste au camp du peuple et non pas à celui des élites. Or, les réseaux sociaux sont particulièrement adaptés à ce style de communication. Reprenant le cas de *La Tuerka*, Mathieu Petithomme montre[21] ainsi comment cette émission en ligne a permis à Podemos de construire un discours politique alternatif, plus personnalisé, dont l'objectif est de montrer l'appartenance du leader politique au camp du peuple. Le discours populiste serait donc amené à mieux fonctionner sur ces espaces en ligne. Plus encore, comme la première partie de ce livre s'est attachée à le démontrer, la communication des leaders populistes est finalement en parfaite adéquation avec les formes de communication permises par Internet et les réseaux sociaux, marquées par une rhétorique émotionnelle plus abondante et une valorisation d'un registre individuel davantage qu'institutionnel.

Tel est le constat qui nous guide à formuler une première hypothèse : l'utilisation des réseaux sociaux comme première source d'information est liée à un vote plus important pour Jean-Luc Mélenchon, Marine Le Pen et Éric Zemmour.

Utilisation des réseaux sociaux et vote populiste

Afin de tester cette hypothèse, nous utilisons une série de sondages réalisés tout au long de la campagne électorale de 2022 par l'institut IPSOS pour le compte du Cevipof et de la Fondation Jean-Jaurès – soit les mêmes données que celles exploitées dans le précédent chapitre. Une modélisation statistique devrait cette fois nous permettre de mesurer les facteurs influençant le choix du candidat lors du premier tour de l'élection présidentielle.

Pour chaque candidat, sur la Figure 13 (p. 134), si un comportement médiatique se situe au-dessus de la barre horizontale, cela signifie que l'utilisation du média correspondant augmente la probabilité de vote pour ce candidat plutôt que pour un autre. Si, au contraire, un comportement médiatique est situé en dessous de la barre horizontale, alors cela signifie que l'utilisation de ce média diminue la probabilité de voter pour ce candidat.

Figure 13. Effets marginaux prédictifs de l'utilisation des médias sur le vote au premier tour de la présidentielle de 2022

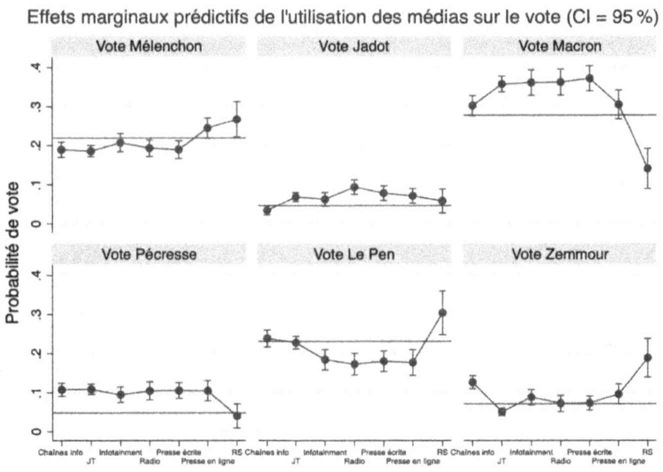

Pour Jean-Luc Mélenchon, toutes choses égales par ailleurs, l'information via les chaînes d'information en continu, les journaux télévisés, la radio et la presse écrite diminue la probabilité de vote pour le candidat de gauche radicale, quand, au contraire, l'utilisation des réseaux sociaux comme première source d'information augmente cette probabilité. Concernant Yannick Jadot comme Valérie Pécresse, l'information via les journaux télévisés, les émissions d'*infotainment*, la radio, la presse écrite et la presse en ligne accroît la probabilité de vote en leur faveur. C'est également le cas des chaînes d'information en continu pour la candidate de droite. Concernant Marine Le Pen, l'information via les émissions d'*infotainment*, la radio, la presse écrite et la presse en ligne réduit la probabilité de vote pour la candidate du Rassemblement national, au contraire de l'utilisation des réseaux sociaux comme première source d'information, qui l'augmente, toutes choses égales par ailleurs. Pour Éric Zemmour, le fait de s'informer prioritairement via les journaux télévisés diminue la probabilité de vote pour le candidat d'extrême droite. Au contraire, le fait de s'informer via les chaînes d'information en continu et, surtout, via les réseaux sociaux, augmente la probabilité de vote pour le candidat de Reconquête.

Clairement, les réseaux sociaux ne sont pas les seuls médias à avoir des effets sur les comportements électoraux. En soi, ce résultat est déjà intéressant, puisqu'il montre que, même en contrôlant par les variables politiques et sociologiques classiques, les variations de comportements médiatiques sont bien liées à des comportements électoraux différents. Les modèles explicatifs du vote basés sur les variables sociologiques et les approches en termes de communication sont donc complémentaires davantage que concurrents.

Si l'on se concentre sur les seuls réseaux sociaux, nos résultats sont également intéressants. L'utilisation des réseaux comme première source d'information a, toutes choses égales par ailleurs, des effets fortement négatifs sur la probabilité de vote pour un candidat, Emmanuel Macron, et des effets positifs sur les probabilités de vote pour trois candidats, Jean-Luc Mélenchon, Marine Le Pen et Éric Zemmour. Cela vient donc confirmer notre première hypothèse : il existe un lien clair entre l'utilisation des réseaux sociaux comme moyen d'information et le vote pour des candidats populistes.

Néanmoins, à ce stade, nous ne sommes pas en mesure de déterminer le sens de la relation. Plus précisément, les réseaux sociaux « créent-ils » des électeurs pour les partis populistes ou, au contraire, les électeurs aux valeurs populistes se retrouvent-ils sur les réseaux sociaux ?

Réseaux sociaux et vote populiste : une relation à sens unique ?

Comprendre le sens de la relation entre utilisation des réseaux sociaux et vote pour les partis populistes est une question primordiale. L'utilisation des réseaux sociaux allant croissant au sein de la société, s'ils sont en mesure de « créer des électeurs » pour les partis populistes, alors nous pourrions être amenés à connaître des bouleversements politiques.

Nous l'avons évoqué, cette question précise a donné lieu à un débat académique entre les partisans de la thèse du « renforcement[22] » et ceux de la thèse de la « mobilisation[23] ». Pour les premiers, les attitudes politiques initiales détermineraient la consommation médiatique : les citoyens ayant des valeurs « de gauche » se tourneraient vers les médias de gauche, quand les citoyens ayant des valeurs de droite consommeraient quasiment exclusivement des contenus provenant de médias de droite[24]. Pour les seconds, au contraire, les nouveaux formats médiatiques seraient bel et bien en mesure d'engendrer des comportements politiques particuliers. Selon eux, ces nouveaux médias – programmes d'*infotainment*, Internet et réseaux sociaux – seraient des points d'entrée beaucoup plus simples vers les sujets politiques, moins arides que les émissions politiques et d'information classiques. Ils permettraient à un public initialement moins intéressé par la politique d'acquérir des compétences politiques et de participer électoralement. D'un côté, plusieurs éléments plaident pour la thèse de la mobilisation et des effets de contenus des réseaux sociaux, concernant le vote populiste. Les partis populistes bénéficient en effet d'un « coup d'avance » sur Internet et particulièrement sur les réseaux sociaux, tout comme les influenceurs politiques qui leur sont plus ou moins explicitement affiliés, particulièrement implantés et actifs sur les espaces en ligne[25]. Aussi le style de communication populiste est-il particulièrement adapté aux réseaux sociaux[26] ; le fait que ces derniers permettent aux représentants politiques de divulguer des facettes plus personnelles de leur vie[27] favoriserait une impression de proximité avec la population et pousserait des électeurs, jusque-là neutres, à voter pour les partis populistes. La rhétorique émotionnelle permise par les réseaux sociaux serait également un fort déterminant du vote[28]. En somme, le fait que la communication des représentants politiques sur leurs réseaux sociaux soit davantage centrée sur les enjeux politiques, qu'elle use d'un registre individuel, qu'elle valorise la rhétorique émotionnelle et qu'elle se déploie de façon plus contrôlée serait à même d'entraîner une dynamique électorale importante.

D'un autre côté, plusieurs éléments clairs plaident pour la théorie du renforcement. Les méta-analyses réalisées au niveau international montrent en effet que les effets de renforcement sont plus importants que les effets de mobilisation[29]. Aux États-Unis, la polarisation liée aux médias partisans à la télévision est particulièrement remarquable[30]. Ce sont des attitudes politiques fortement marquées à l'origine qui poussent à recevoir de l'information par des médias partisans en adéquation avec ses propres valeurs politiques. Cela se confirme dans l'analyse des médias en ligne : ce sont de prime abord des attitudes populistes qui pousseraient à rechercher du contenu hyperpartisan en ligne[31]. Enfin, certains représentants populistes comme Jean-Luc Mélenchon affirment explicitement que leur stratégie d'utilisation des réseaux sociaux correspond à un objectif de contournement du système médiatique classique[32]. Or, la défiance des leaders populistes et de leurs électeurs envers les grands groupes médiatiques, accusés d'appartenir au camp des élites, a été démontrée à de nombreuses reprises[33]. La faible confiance des électeurs populistes dans les élites, et notamment dans les élites médiatiques, les pousserait ainsi à choisir des informations provenant d'espaces sans intermédiaires journalistiques.

Nous formulons donc deux hypothèses potentiellement concurrentes :

Hypothèse 2a : Le fait de s'informer sur les réseaux sociaux entraîne un vote plus important pour les partis populistes.

Hypothèse 2b : Le fait d'avoir des attitudes populistes entraîne une utilisation plus importante des réseaux sociaux.

Expérimenter pour tester le sens de la relation

Afin de tester ces deux hypothèses, nous avons effectué une expérience en ligne selon les mêmes modalités que l'expérience restituée au chapitre précédent consacré à la pratique électorale. Les participants étaient ainsi aléatoirement assignés soit à un groupe « média classique », soit à un groupe « *infotainement* », soit à un groupe « YouTube », soit à un groupe de contrôle. Les vidéos qui leur ont été présentées comprenaient, à nouveau, uniquement des extraits d'interventions du même représentant politique – François Ruffin. Outre sa présence dans un large panel de médias, le choix de François

Ruffin, plutôt que d'un autre représentant politique de La France insoumise, du Rassemblement national ou de Reconquête, s'explique par son positionnement typiquement « populiste ». François Ruffin est en effet arrivé assez tardivement dans la politique institutionnalisée, étant initialement journaliste puis réalisateur de documentaires politiques engagés. Sa communication lors des premières années de son mandat correspondait à tous les archétypes de la communication populiste[34] : le fait de rompre avec les codes classiques de la politique, comme le port du costume ; le fait d'axer ses discours et ses interviews sur son ancrage local en Picardie ; le fait de développer au maximum les enjeux de proximité plutôt que des thématiques internationales pouvant parfois paraître abstraites pour des électeurs peu politisés.

Nous avons demandé aux participants à cette expérience la probabilité, sur une échelle de 0 à 10, selon laquelle ils voteraient pour le candidat qui s'exprime dans les différents types de vidéos si celui-ci venait à se présenter à l'élection présidentielle. Bien évidemment une mesure de probabilité de vote n'est pas équivalente à une mesure de vote réelle, mais c'est la seule solution dont nous disposons dans le cadre d'une expérimentation.

L'absence d'effets différenciés des médias sur le vote

L'expérience nous mène au constat suivant : le fait de regarder des extraits d'émissions classiques, des extraits d'émissions d'*infotainment*, ou des extraits de vidéos YouTube n'augmente pas la probabilité de vote par rapport à quelqu'un qui n'a regardé aucun de ces formats.

Plusieurs variables de contrôle influencent la probabilité de vote pour François Ruffin. Plus l'intérêt pour la politique est important, plus les personnes interrogées ont tendance à voter pour lui. Sur un autre plan, plus le revenu des participants augmente, moins ils ont tendance à envisager de voter pour le député de La France insoumise. Ces deux résultats sont conformes aux études menées en population générale, montrant que le vote pour La France insoumise est particulièrement élevé au sein de catégories populaires mais compétentes politiquement[35]. Conformément à ce que l'on pouvait attendre, la proximité avec La France insoumise détermine également grandement la probabilité de vote pour François Ruffin : les personnes proches de LFI auront bien plus tendance que les autres à envisager de voter pour lui[36].

Ces résultats sont intéressants dans la mesure où ils semblent montrer que les médias n'ont pas le pouvoir d'activer des comportements particuliers chez les électeurs, notamment des comportements électoraux. Ils vont donc à l'encontre des théories en faveur des effets de contenus des médias. Nos trois conditions de test présentaient en effet des contenus largement différents, que ce soit au niveau de la forme ou du fond. Pour autant, le fait d'avoir visionné l'un ou l'autre des extraits, ou de n'avoir rien visionné du tout, n'a pas entraîné de différences en termes d'intention de vote pour le représentant politique à l'écran. Cela va donc à l'encontre de notre hypothèse 2a.

L'influence des attitudes populistes sur les comportements médiatiques

Mesurer les attitudes populistes

À présent, testons notre hypothèse 2b afin de déterminer s'il existe bel et bien un « effet de sélection » des médias liant utilisation des réseaux sociaux et vote pour les partis populistes. Les attitudes populistes sont-elles à même d'influencer les comportements médiatiques, et donc les choix réalisés entre les médias existants ? En effet, le populisme correspond, du côté de l'électorat, à un système de valeurs qui, à la fois, remet en cause le pouvoir des élites politiques et promeut davantage de souveraineté populaire et donc de démocratie directe[37].

Nous réutilisons pour cette analyse les données de l'Enquête électorale, déjà utilisée en première partie de chapitre. Si les enquêtes par sondage ne permettent pas en théorie de dégager des effets de causalité mais simplement des effets de corrélation, les attitudes populistes sous-tendent un système de valeurs qui, comme tout système de valeurs, est particulièrement stable au cours du cycle de vie[38]. Dans ces conditions, nous faisons le postulat que les attitudes populistes préexistent au choix d'un média particulier au moment d'une campagne électorale. Si nous trouvons une relation entre valeurs populistes et utilisation de certains médias plutôt que d'autres, il s'agira donc bien d'une relation de causalité et non pas d'une simple corrélation.

Classiquement, la mesure des attitudes populistes se fait grâce à une batterie de questions imaginées par Agnes Akkerman, Cas Mudde et Andrej Zaslove[39], couramment utilisées dans la recherche[40]. Ces questions servent à déterminer si les répondants croient en une opposition structurelle dans la société entre un peuple considéré comme vertueux et des élites corrompues, mais également en l'idée selon laquelle la politique serait l'expression de la volonté générale du peuple. Les participants à l'enquête sont ainsi amenés à déclarer s'ils sont d'accord ou non avec chacune des affirmations suivantes :

– Les hommes politiques à l'Assemblée nationale doivent suivre la volonté du peuple.
– Les décisions politiques les plus importantes devraient être prises par le peuple et non par les hommes politiques.
– Les différences politiques entre les citoyens et les élites sont plus grandes que les différences entre citoyens.
– Je préférerais être représenté par un citoyen ordinaire plutôt que par un politicien professionnel.
– Les hommes politiques parlent trop et n'agissent pas assez.
– En politique, lorsqu'on parle de compromis, c'est qu'on renonce en réalité à ses principes.

Nous formons grâce à ces six questions une échelle des attitudes populistes, qui sera donc une variable indépendante de notre modèle, d'autres variables de contrôle y étant également ajoutées : l'âge au moment d'aller voter, le niveau d'éducation, la catégorie sociale du répondant, son sexe et son positionnement politique sur une échelle gauche/droite.

Les attitudes populistes et le comportement médiatique

Conformément à la littérature sur le sujet[41], nos données montrent à quel point les attitudes populistes sont particulièrement partagées au sein de la population française. Notre échelle, allant de 0 (absence totale d'attitudes populistes) à 1 (attitudes populistes maximales), révèle qu'une très large majorité de la population française se situe au-dessus de la valeur centrale, entre 0.6 et 0.8 (Figure 14, p. 147).

Afin de savoir, plus précisément, si les attitudes populistes ont une influence, toutes choses égales par ailleurs, sur le média choisi en priorité pour s'informer, nous avons complété cette analyse par un modèle de régression (voir Figure 15 en Annexes, p. 199).

Ce dernier nous a permis de mettre en évidence que le niveau de populisme a bien une influence sur le premier média utilisé pour s'informer. Le niveau des attitudes populistes a en effet, toutes choses égales par ailleurs, une influence sur le fait d'utiliser les chaînes d'information en continu comme première source d'information, sur l'utilisation de la presse en ligne et, surtout, sur l'utilisation des réseaux sociaux.

Figure 14. Positionnement des Français sur l'échelle du populisme

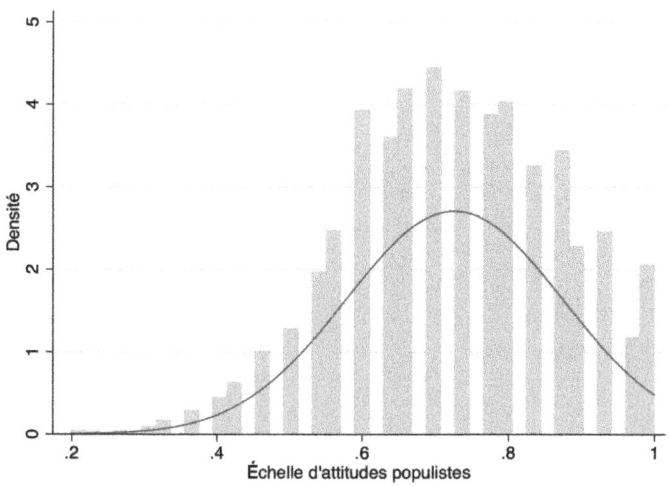

L'effet plus important des attitudes populistes sur l'utilisation des réseaux sociaux se constate également clairement lorsque l'on mesure les effets

marginaux des attitudes populistes sur le choix des différentes sources d'information (Figure 16, ci-dessous). Cette mesure permet de suivre l'évolution de la probabilité d'utiliser un média particulier en fonction du niveau de populisme.

Figure 16. Effets marginaux prédictifs de l'utilisation des différents médias comme source d'information en fonction du niveau de populisme

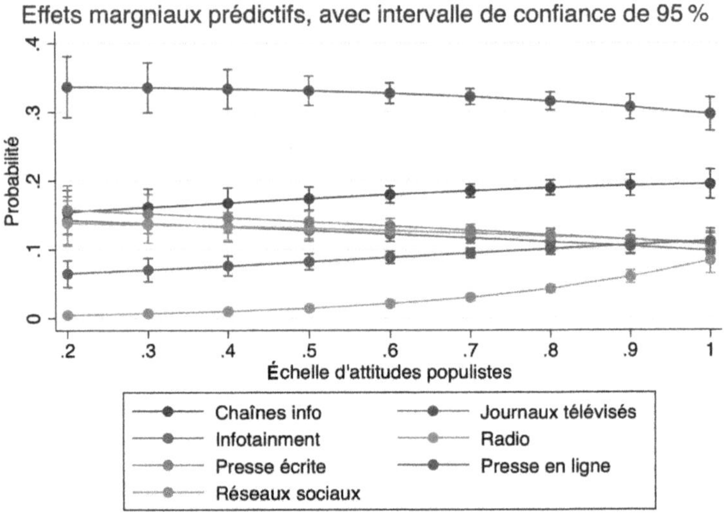

Toutes choses égales par ailleurs, la probabilité d'utiliser les réseaux sociaux, la presse en ligne et les chaînes d'information en continu augmente à mesure que les attitudes populistes deviennent plus

importantes. Néanmoins, à partir de niveaux élevés de populisme (0.8), l'augmentation de la probabilité d'utilisation des réseaux sociaux est bien plus importante que l'augmentation de la probabilité d'utilisation des chaînes d'information en continu et de la presse en ligne. Pour le niveau le plus élevé d'attitude populiste, la probabilité d'utilisation des réseaux sociaux comme première source d'information est donc, toutes choses égales par ailleurs, équivalente à la probabilité d'utilisation de la presse en ligne, de la radio, des émissions d'*infotainment* et de la presse écrite.

Cela vient donc valider notre hypothèse 2b : les attitudes populistes ont bien, toutes choses égales par ailleurs, une influence décisive sur l'utilisation des réseaux sociaux. Il semblerait donc que le sens de la relation entre vote pour les partis populistes et utilisation des réseaux sociaux reflète des effets de sélection et non des effets de contenus. Les réseaux sociaux ne semblent ainsi pas être en mesure de « créer » des électeurs pour les partis populistes, mais les citoyens ayant de fortes valeurs populistes se retrouvent au contraire largement sur les réseaux sociaux.

Des effets de sélection

Les réseaux sociaux sont aujourd'hui souvent accusés d'être responsables de tous les maux qui touchent notre société. En particulier, il est bien confortable pour les partis politiques classiques d'expliquer la montée en puissance des populismes par le développement de ce mode d'information en ligne : cela leur permet d'éviter de faire leur autocritique et de prendre leur part de responsabilité dans ce phénomène.

Dans ce chapitre, nous cherchions justement à déterminer le lien existant entre l'utilisation des réseaux sociaux pour s'informer dans un contexte électoral et le vote pour les partis populistes de gauche et de droite. En utilisant une méthodologie mixte, mêlant analyse de sondages classiques et expérimentation, nous avons démontré deux choses. D'une part, lors de l'élection présidentielle française de 2022, il a existé un lien clair, toutes choses égales par ailleurs, entre l'utilisation des réseaux sociaux pour s'informer et le vote pour les différents candidats populistes présents (Jean-Luc Mélenchon, Marine Le Pen, Éric Zemmour). D'autre part, nous avons étudié quel était le sens de cette relation : ce sont les valeurs populistes préexistantes qui déterminent l'utilisation des réseaux sociaux pour s'informer. La communication populiste sur les réseaux sociaux, bien que très largement adaptée à ces espaces, ne semble pas être en mesure de convaincre des électeurs à voter pour les partis populistes.

Néanmoins, à quel point les attitudes populistes, certes préexistantes, se trouvent-elles renforcées par l'utilisation des réseaux sociaux comme première source d'information ? Il s'agit d'une question essentielle sur laquelle nous reviendrons car, si tel était le cas, la polarisation idéologique de la société pourrait bel et bien être renforcée par l'utilisation des réseaux sociaux comme moyen d'information.

Chapitre 5

L'influence des réseaux sociaux sur les attitudes complotistes

Abstention électorale, vote pour des partis populistes : les pratiques médiatiques sont donc intimement liées aux différents volets de la crise de la représentation politique. Or, une troisième manifestation de cette crise s'impose à nous avec force aujourd'hui : l'adhésion à des théories complotistes, selon lesquelles des individus puissants tireraient dans l'ombre les ficelles de notre société et seraient les vrais bénéficiaires de toutes les crises que nous connaissons, qu'elles soient de nature politique, économique ou sanitaire. Une partie de la contestation politique qui, pendant longtemps, se servait d'arguments rationnels semble s'être radicalisée au point de tourner le dos aux faits et de considérer que, finalement, les différentes sources de pouvoir sont si corrompues qu'elles sont responsables de tous les problèmes qui touchent notre pays[1]. Le phénomène QAnon aux États-Unis, dont l'apothéose fut certainement la prise du Capitole le 6 janvier 2021, ou encore les mouvements antivax en Europe au moment de la crise du Covid, montrent comment le complotisme peut s'enraciner dans des démocraties occidentales où la défiance règne. Ainsi, lorsque l'on teste l'adhésion des Français à dix théories complotistes[2], seulement 35 % ne croient à aucune d'entre elles, 17 % croient à l'une d'entre elles, 27 % croient à deux à quatre théories, 11 % croient à cinq ou six théories et 10 % croient à sept théories ou plus. Force est de constater que le complotisme se diffuse à une vitesse importante en France.

L'adhésion aux théories complotistes résulte selon nous de plusieurs phénomènes[3] : l'impression de vivre dans une société de plus en plus incertaine et incontrôlable, une défiance grandissante envers les institutions et le personnel politique et, enfin, le fait de s'informer sur les réseaux sociaux. Plus une personne s'informe sur les réseaux, plus elle aura de chances d'adhérer à des théories complotistes. Encore une fois, les pratiques médiatiques sont donc au cœur des différentes manifestations de la crise de la représentation politique.

Néanmoins, les deux précédents chapitres de cet ouvrage nous montrent qu'il ne faut pas se méprendre sur le sens des relations en question. Les plus participationnistes électoralement s'informent davantage sur les réseaux sociaux parce qu'ils y trouvent un contenu plus adapté à leurs attentes et les électeurs de partis populistes s'y informent prioritairement parce que leur défiance envers les médias classiques les pousse à utiliser des médias alternatifs, où l'on peut uniquement visionner les contenus de représentants politiques avec lesquels on est déjà d'accord. Pour le dire autrement, les réseaux sociaux ne créent pas de nouvelles attitudes politiques mais renforcent des attitudes politiques préexistantes. En est-il de même en matière de complotisme ?

Réseaux sociaux et croyances complotistes

D'une part, les réseaux sociaux apparaissent comme de véritables « incubateurs » à théories conspirationnistes. Par exemple, la rumeur du PizzaGate reliant en 2016 le directeur de campagne de Hillary Clinton à un réseau pédophile s'était largement propagée via les réseaux sociaux[4].

Si les réseaux sociaux diffusent largement des théories conspirationnistes et sont donc à même d'entraîner une plus forte croyance dans celles-ci, le phénomène inverse est également envisageable : ces espaces ont toutes les capacités de rassembler des individus ayant de prime abord une forte appétence pour les théories conspirationnistes. La particularité des réseaux sociaux, comme les groupes Facebook par exemple, est en effet de fonctionner comme des « bulles de filtres », des espaces clos dans lesquels les arguments adverses ne sont plus présents. Alors que le but premier des réseaux sociaux était de mettre des individus en relation les uns avec les autres, ils ont aujourd'hui tendance, au contraire, à créer des espaces fermés regroupant uniquement des personnes partageant des avis similaires. Dans cette perspective, les réseaux sociaux n'auraient pas forcément le pouvoir de convaincre quiconque, mais renforceraient plutôt les attitudes complotistes chez des individus ayant au départ de fortes prédispositions à croire en ces théories[5]. C'est donc à cette question que nous entendons répondre : entre complotisme et réseaux sociaux, sommes-nous en présence d'effets de sélections ou d'effets de contenus ?

L'exemple des groupes Facebook pro-Raoult et anti-masque pendant la crise du Covid-19

Pour répondre à notre question, nous avons fait le choix d'enquêter sur des personnes membres de groupes Facebook disséminant largement des théories complotistes, particulièrement actifs au moment de la crise du Covid-19 : les groupes Facebook « pro-Raoult » d'une part et anti-masque d'autre part.

Ces communautés présentaient une double caractéristique. Si tous leurs membres ne pouvaient pas être qualifiés de complotistes, les profils rassemblés étaient toutefois largement plus complotistes que l'ensemble de la population. Ces espaces mettaient par ailleurs en avant des thèses complotistes soutenant que l'industrie pharmaceutique était derrière la crise du Covid-19. Nous avons cherché à interroger ce public particulier via une enquête en ligne afin d'essayer de comprendre la raison de leur présence sur ces groupes[6]. Nous leur posions chaque fois une question ouverte : dans le cas des groupes pro-Raoult : « Pourquoi soutenez-vous le Pr Raoult et pourquoi avez-vous rejoint ce groupe de soutien ? » ; dans le cas des groupes anti-masque :

« Pourquoi refusez-vous le port du masque et pourquoi avez-vous rejoint ce groupe Facebook ? »

Sur le second aspect des deux questions – la raison invoquée pour rejoindre les groupes Facebook –, deux grands types d'explications étaient avancés. Soit les personnes avaient rejoint ces groupes un petit peu par hasard, mais avaient finalement été intéressées par les arguments postés par les membres, et s'étaient mises à adhérer à la vision qui y était développée. L'un de nos enquêtés, présent sur un groupe Facebook anti-masque, nous a par exemple répondu :

> *« Je suis arrivé sur ce groupe parce qu'un ami m'en avait parlé et j'ai voulu voir à quoi ça ressemblait. Je ne connaissais pas tous les effets négatifs du masque avant qu'on me les explique ici, c'est assez fou à quel point les médias nous cachent la vérité. »*

Ce n'est pas une vision du monde particulière qui a poussé ce répondant à rejoindre ces groupes, mais le « hasard ». Pour autant, le contenu qu'il y a découvert semble l'avoir fait changer de regard sur la situation, ne plus adhérer au discours officiel promouvant le port du masque et entrer dans une spirale de défiance vis-à-vis des recommandations sanitaires.

Le second type d'explication est inverse : les participants auraient rejoint ces groupes Facebook parce qu'ils étaient initialement défiants envers les informations officielles, voire parce qu'ils avaient déjà développé des attitudes conspirationnistes, mais ils auraient trouvé dans ces espaces des moyens de confirmer leurs prédispositions. Un autre répondant, soutien du Pr Raoult, nous expliquait ainsi :

> « *Aucune confiance dans ce que les médias nous disent !! C'est à nous de nous* INFORMER, *c'est ici que l'on a accès aux vraies données qui montrent bien que l'hydroxychloroquine fonctionne comme le dit le professeur.* »

Pour départager ces dynamiques inverses, nous avons donc codé les verbatims des répondants (1 063 verbatims dans le cas des groupes pro-Raoult, 748 verbatims dans le cas des groupes anti-masque) en les classant en deux catégories, selon que l'explication principale était basée sur une sélection pensée de ces groupes, comme espaces opposés au système médiatique classique, ou bien que le principal facteur avancé était le hasard. Nous avons également choisi de distinguer les répondants ne possédant pas ou extrêmement peu de croyances complotistes, ceux possédant un niveau modéré de complotisme, et ceux possédant un fort niveau de complotisme. Pour ce faire, nous leur avons demandé à quel point ils croyaient à six différentes théories complotistes : les répondants ne croyant à aucune ou à une seule ont été classés dans la catégorie « non complotiste », ceux croyant à deux ou trois théories dans la catégorie « peu complotiste » et ceux croyant à plus de trois théories dans la catégorie « très complotiste » (Figure 17, p. 161).

Différencier les profils complotistes

Afin de déterminer pourquoi les répondants possédant des attitudes complotistes se sont retrouvés sur les groupes Facebook pro-Raoult et anti-masque, nous avons délibérément choisi de ne pas prendre en compte dans nos analyses les membres des groupes ne possédant aucune ou quasiment aucune croyance complotiste.

On remarque tout d'abord que, au sein des groupes Facebook anti-masque comme pro-Raoult, la défiance initiale envers les informations fournies par les institutions officielles est la principale raison de mobilisation sur les groupes Facebook (85 % sur les groupes anti-masque et 75 % sur les groupes pro-Raoult).

Figure 17. Raison de la présence sur les groupes Facebook pro-Raoult et anti-masque en fonction du niveau de complotisme

	Pro-Raoult		
	Très complotistes	Peu complotistes	Total
Défiance initiale	**82 %**	**61 %**	75 %
Hasard/ curiosité	**18 %**	**39 %**	25 %
Total	100 %	100 %	100 %

	Anti-masque		
	Très complotistes	Peu complotistes	Total
Défiance initiale	**91%**	**68 %**	85 %
Hasard/ curiosité	**9 %**	**32 %**	15 %
Total	100 %	100 %	100 %

Néanmoins, on perçoit également des différences assez nettes selon que les membres de ces groupes sont très complotistes ou présentent seulement quelques attitudes allant dans ce sens. Chez les profils très complotistes, la défiance originelle est davantage mise en avant que le hasard ou la curiosité. Elle représente ainsi la raison principale de l'adhésion à ces groupes dans 82 % des cas chez les pro-Raoult très complotistes et dans 91 % des cas chez les anti-masque très complotistes.

Cette dynamique est particulièrement visible dans le témoignage de Mathilde, 52 ans, membre d'un groupe de soutien au Pr Raoult, adhérant à cinq des six théories du complot présentées dans le questionnaire :

> *« J'ai rejoint ce groupe parce que c'est la seule solution pour s'informer et pour se mobiliser en faveur de M. Raoult. Depuis le début de la pandémie les médias nous mentent et font tout pour le décrédibiliser et pour nous refiler leur saloperie de vaccin. »*

De même pour la réponse de George, 65 ans, membre d'un groupe Facebook anti-masque, adhérant à quatre des six théories du complot présentées :

> *« Le gouvernement nous ment, le masque c'est juste une muselière pour mieux nous contrôler. Il n'y a qu'en partageant les vraies informations que l'on pourra faire en sorte que les merdias se taisent. »*

Ou encore pour celle de Bruno, 49 ans, membre d'un groupe Facebook anti-masque, adhérant à la totalité des théories du complot présentées :

> *« J'ai arrêté de croire à ce que les médias nous disent depuis ce qui s'est passé le 11 septembre, où c'était organisé par les États-Unis. Je m'informe que sur des médias alternatifs car c'est la seule façon d'avoir accès aux* VRAIES *informations, qui ne sont pas contrôlées par un pouvoir corrompu. »*

Chez les profils moins complotistes, la défiance initiale dans les institutions et les médias classiques est toujours l'explication principale du choix de rejoindre les groupes pro-Raoult ou anti-masque. La donne est toutefois moins marquée que chez les profils très complotistes. En effet, dans 39 % des cas chez les pro-Raoult peu complotistes et dans 32 % des cas chez les anti-masque peu complotistes, c'est davantage le hasard et la curiosité qui les a poussés à rejoindre ces groupes Facebook.

Tom, 38 ans, membre d'un groupe Facebook anti-masque, adhérant à deux théories du complot sur six, déclarait ainsi :

> *« J'ai rejoint ce groupe, parce que j'ai vu passer une suggestion sur Facebook. C'est vrai qu'au départ j'avais quelques doutes concernant l'efficacité du masque, mais je ne pensais pas que c'était nocif à ce point. C'est important de pouvoir échanger avec d'autres personnes plus éclairées. »*

Camille, 41 ans, membre d'un groupe Facebook pro-Raoult, adhérant à deux des six théories du complot, répondait pour sa part :

> *« Un de mes amis qui soutient depuis le départ le professeur m'a envoyé le lien de ce groupe. J'étais assez curieux donc je me suis inscrit, j'avais suivi ce qui se disait à la télé sur le Pr Raoult mais j'avais pas vraiment d'avis. J'ai halluciné de voir toutes les infos qu'il y avait sur Facebook et qui prouvent que l'État nous ment. »*

Nos résultats montrent que, très majoritairement, c'est bien la défiance initiale envers le système médiatique et les discours officiels qui pousse les répondants à rejoindre ces espaces en ligne. Il y a donc une *sélection* de ces groupes comme moyens de s'informer et de communiquer basée sur des prédispositions préalables. Néanmoins, si cela est extrêmement clair pour les profils très complotistes, cela l'est un peu moins pour les profils moyennement complotistes : le hasard, les suggestions algorithmiques ou directes par des amis en ligne ou hors ligne expliquent une part non négligeable des cas.

Comment expliquer ces différences ? On peut faire l'hypothèse que, même si les réseaux sociaux complotistes agissent comme des bulles de filtre en permettant à un public complotiste de retrouver des internautes partageant les mêmes sensibilités, ils peuvent aussi, à terme, *renforcer* les dispositions complotistes des personnes qui s'y trouvent. Les personnes « faiblement complotistes » se retrouveraient certes sur ces groupes davantage par hasard mais, le temps passant, elles seraient poussées, à leur contact, à développer une véritable vision du monde complotiste.

Chapitre 6

Les réseaux sociaux à l'origine d'une société de plus en plus polarisée ?

En 2019, le sondeur Jérôme Fourquet publiait *L'Archipel français*[1], qui a connu un énorme succès médiatique et de librairie. Dans ce livre, il tente de montrer que la société française est de plus en plus divisée en une multitude d'archipels qui ne communiquent plus les uns avec les autres. Cet essai entre en résonance avec de nombreux commentaires journalistiques arguant que la société française n'a eu de cesse qu'elle ne se polarise au fil des années. Plus récemment encore, la série *La Fièvre,* réalisée par Éric Benzekri, à qui l'on doit aussi la série *Baron noir*, met en scène cette société polarisée entre identitaires et antiracistes, où chaque citoyen serait sommé de choisir son camp à la suite d'un fait divers qui défraye la chronique.

Ces discours sur la polarisation de la société pointent assez rapidement un responsable tout identifié : les réseaux sociaux, dont le fonctionnement même favoriserait les opinions et les contenus les plus radicaux. Or, bien souvent, ces assertions manquent de rigueur et mériteraient d'être étudiées plus en détail : d'une part, la société est-elle véritablement plus polarisée qu'auparavant et, d'ailleurs, qu'entend-on par « polarisation » ? D'autre part, quel impact réel ont les réseaux sociaux sur cette polarisation ? C'est à ces deux questions que nous entendons répondre dans ce chapitre.

« Polarisation », « radicalité » : des concepts fourre-tout

Pour savoir si la société française est vraiment plus polarisée qu'auparavant, il est nécessaire de définir précisément de quelle polarisation nous parlons. S'agit-il de l'augmentation des différences programmatiques entre des camps politiques, rendant de plus en plus compliquée la mise en place de compromis entre eux ? On parlera alors de polarisation idéologique, signalant une radicalisation des positions prises par les différents courants politiques. Ou s'agit-il d'une accentuation de l'animosité ressentie envers un groupe politique ou social opposé, c'est-à-dire d'une polarisation affective ?

Les études menées sur une longue période montrent en effet que ces phénomènes n'évoluent pas de la même manière. Depuis la chute de l'URSS, la polarisation idéologique aurait plutôt tendance à décliner, en particulier autour des questions économiques et sociales. Le spectre de positions prises par les différents partis politiques est finalement plus restreint qu'auparavant, les partis de gauche prêchant uniquement pour des actions réformistes et non plus pour un « Grand Soir ». Sur les questions sociétales, la donne est un peu moins claire, notamment ces dernières années en France, avec l'émergence du nouveau parti d'extrême droite d'Éric Zemmour, ayant déplacé les frontières du dicible, en particulier sur les questions migratoires.

Au contraire, la polarisation affective est en nette augmentation. Considérer les autres groupes politiques comme des ennemis et non comme de simples adversaires est un sentiment largement partagé dans la population française. Quelques mois avant l'élection présidentielle de 2022, 46 % des électeurs de Jean-Luc Mélenchon et 54 % des électeurs de Marine Le Pen déclaraient ressentir une forte antipathie envers les électeurs d'Emmanuel Macron. Dans le même temps, 48 % des électeurs d'Emmanuel Macron déclaraient ressentir, eux aussi, une forte antipathie envers les électeurs de La France insoumise[2].

Que l'on s'intéresse à la polarisation idéologique ou à la polarisation affective, Internet et les réseaux sociaux sont généralement pointés du doigt comme ses principaux responsables[3]. Le raisonnement est le suivant : les réseaux sociaux fonctionnent comme des bulles de filtre[4], où les contenus proposés aux utilisateurs sont d'une double nature. Soit ils correspondent exactement aux croyances préalables des utilisateurs, et vont donc renforcer ces dernières. Un électeur proche de La France insoumise se verra par exemple prioritairement exposé à des contenus provenant d'une galaxie de gauche radicale. Mais la logique algorithmique est parfois plus subtile. Pour maximiser l'engagement des utilisateurs sur un réseau social, l'algorithme peut également choisir de présenter des contenus à l'exact opposé de la croyance préalable de l'utilisateur, pour susciter son indignation et engendrer une réponse. Or, dans ce cas aussi, le renforcement des croyances préalables est manifeste.

Ce pouvoir attribué aux réseaux sociaux mérite toutefois d'être étudié avec davantage de précision. D'une part, sont-ils les seuls médias à renforcer la polarisation affective et idéologique ? Aux États-Unis, la multiplication des chaînes de télévision avait entraîné l'apparition de chaînes extrêmement partisanes comme Fox News, mettant en avant un agenda libéral et conservateur extrêmement poussé. Des études avaient justement montré que le fait de regarder ne serait-ce que quatre minutes par semaine cette chaîne augmentait de 9 % la probabilité de voter pour le Parti républicain. En France, même si le paysage audiovisuel est moins idéologiquement marqué qu'aux États-Unis, force est de constater que certaines chaînes de télévision ou de radio comme CNews ou Europe1 ont également pris un tournant conservateur. Ne sont-elles finalement pas en mesure, davantage que les réseaux sociaux, de promouvoir une pensée radicale et de renforcer la polarisation de la société ?

Il faut par ailleurs se défaire d'une vision trop simpliste qui considérerait automatiquement les médias comme la cause de tous les maux qui touchent la société. Des évolutions structurelles traversent les démocraties occidentales, comme la montée des inégalités, les transformations culturelles induites par le renouvellement générationnel, la multitude de crises – écologiques, sociales – que nous traversons... tous ces phénomènes peuvent également être à l'origine d'une plus forte polarisation de la société.

Les réseaux sociaux et la polarisation affective

Concentrons-nous tout d'abord sur la polarisation affective, liée comme nous le disions à un rejet préalable des groupes sociaux et politiques différents du sien. Grâce aux données de l'Enquête électorale française, nous sommes en mesure de mesurer ce phénomène en effectuant une modélisation statistique (Figure 18, p. 173). Cette fois encore, une telle procédure permet de comprendre l'influence précise des pratiques médiatiques sur le phénomène étudié en stabilisant l'effet que pourraient avoir d'autres variables sociologiques et politiques (l'âge, la catégorie socioprofessionnelle, le niveau de revenu, l'intérêt pour la politique...).

Figure 18. Influence des différentes pratiques médiatiques
sur la polarisation affective

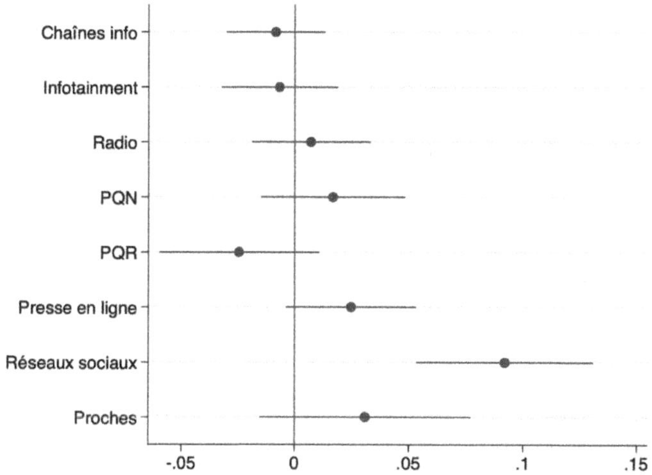

Le trait vertical situé au niveau du zéro correspond aux Français s'informant prioritairement via les journaux télévisés. Quand le trait horizontal d'une catégorie recoupe la barre du zéro, alors il n'y a aucune différence significative en termes de polarisation affective entre cette pratique médiatique et la pratique médiatique de référence (l'information via les journaux télévisés). Ainsi, la polarisation affective n'est significativement ni plus élevée ni plus faible entre les personnes s'informant via les journaux télévisés et celles s'informant via n'importe quelle autre source médiatique, à l'exception d'une seule : les réseaux sociaux. Toutes choses égales par ailleurs, les Français s'informant sur les réseaux sociaux rejettent 10 % de plus les groupes politiques opposés que ceux s'informant via les journaux télévisés.

Chaînes d'info et polarisation idéologique

Les réseaux sociaux sont donc des vecteurs de rejet des groupes sociaux et politiques différents du groupe d'appartenance. Qu'en est-il en termes de polarisation idéologique ?

Nous le disions précédemment, les principaux clivages se sont construits ces dernières années autour des questions culturelles. Bien évidemment, les sujets économiques et sociaux ne sont pas absents des combats politiques, mais les tensions semblent se cristalliser sur des enjeux de société, comme les sujets liés à l'immigration, qui arrivent désormais régulièrement dans le trio de tête des déterminants du vote au moment des élections.

Regardons justement l'influence des pratiques médiatiques sur le rapport à l'immigration. Pour ce faire, nous nous sommes à nouveau basé sur les données de l'Enquête électorale française et nous nous sommes concentrés sur l'influence des comportements médiatiques sur le rejet total de l'immigration. Les répondants étaient ainsi invités à déclarer s'ils étaient d'accord ou non avec la proposition suivante : « Notre pays compte déjà beaucoup d'étrangers ou de personnes d'origine étrangère et accueillir des immigrés supplémentaires n'est pas possible. »

Figure 19. Influence des différentes pratiques médiatiques sur le rejet total de l'immigration

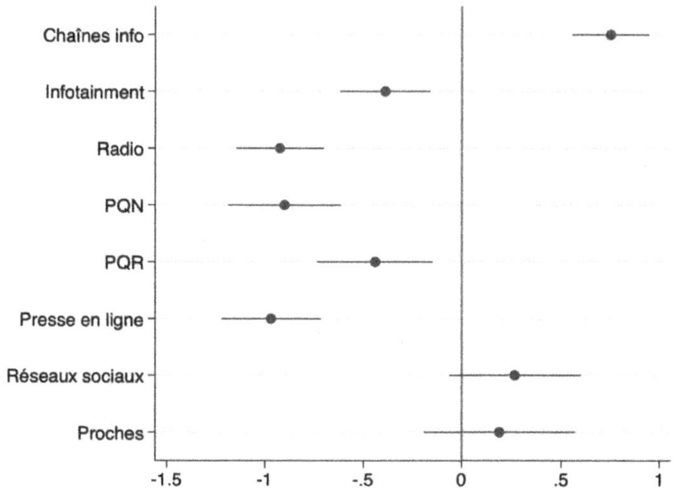

À nouveau, sur la Figure 19 (p. 175), la barre verticale située au niveau du zéro représente la modalité « de référence », soit le fait de s'informer en priorité via les journaux télévisés. Ainsi, comparées aux personnes s'informant via les journaux télévisés, celles qui s'informent via des émissions d'*infotainment*, la radio, la presse nationale ou régionale, ou la presse en ligne ont des opinions moins radicales concernant l'immigration. Au contraire, le fait de s'informer via des chaînes d'information en continu augmente la radicalité sur la question de l'immigration. Le fait de s'informer sur les réseaux sociaux n'a, en revanche, aucun impact sur la radicalité vis-à-vis des questions migratoires.

Une démocratie en danger?

La problématique posée par les réseaux sociaux est manifeste par rapport à la polarisation affective. Le phénomène de bulle de filtre qui se joue sur ces espaces en ligne est bien de nature à créer une société « en silo », où les différents groupes sociaux ne se côtoient pas, ont conscience de l'altérité uniquement via les contenus les plus radicaux et en viennent à se détester les uns les autres. Sans verser dans les prophéties invérifiables concernant les conséquences d'un tel phénomène, il est néanmoins évident qu'une démocratie viable ne peut fonctionner de cette manière.

Il nous paraît toutefois nécessaire de ne pas rejeter la faute uniquement sur les réseaux sociaux. Le phénomène de polarisation idéologique et de radicalité des positions prises par les Français n'est pas causé par les réseaux sociaux mais par un autre type de médias : les chaînes d'information en continu. Deux éléments peuvent expliquer ce phénomène. D'une part, certaines d'entre elles ont assumé une ligne éditoriale beaucoup plus clivante. D'autre part, le fonctionnement « en continu » de ces chaînes induit forcément des répétitions, en particulier autour de faits divers, ce qui peut donner au spectateur l'impression de vivre dans une société beaucoup plus dangereuse qu'elle ne l'est en réalité. Prévenir les effets néfastes des médias implique de saisir le phénomène tel qu'il est réellement. Sur ce sujet, les responsabilités sont clairement partagées.

Conclusion

Le vrai visage des nouveaux médias

Notre époque est celle d'une profonde et singulière modification du paysage médiatique, entraînant dans son sillage une adaptation de la communication de nos représentants. À l'heure où le format détermine le contenu des discours, souvent plus encore que le positionnement politique ou institutionnel de celles et ceux qui les prononcent, saisir cette évolution est essentiel.

Tirer parti du fonctionnement des nouveaux médias est en effet l'un des grands enjeux actuels pour nos dirigeants et, sans nier qu'il existe des dynamiques globales dans leur communication, il nous faut reconnaître les différences majeures de contenus que cela entraîne. Cette prise de conscience est d'autant plus décisive que la transformation des médias va de pair avec une évolution de la manière dont les citoyens s'informent. Si, à la fin du siècle dernier, tout le monde avait encore plus ou moins affaire aux mêmes sources, nous sommes désormais entrés dans un âge de l'information éclatée : certains suivent toujours les journaux télévisés, quand d'autres privilégient les chaînes d'information en continu ou les émissions d'*infotainment*, et d'autres encore, de manière plus ou moins consciente, les réseaux sociaux. Or, nous l'avons montré, la diversité des pratiques médiatiques est corrélée à d'importantes disparités en matière de participation électorale, de vote pour les partis populistes, d'adhésion aux thèses complotistes et de polarisation des idées et des émotions.

Nous avons ainsi montré que le fait de s'informer politiquement est lié à une plus forte participation électorale, en ce que l'information politique renforce l'intérêt déjà existant des lecteurs, spectateurs et internautes, les poussant à la mobilisation. Les personnes désintéressées de la politique, elles, se détournent de ce type d'informations, tendance venant accentuer les disparités. Plus particulièrement, l'utilisation des médias en ligne et des réseaux sociaux comme premier moyen de s'informer est liée à une plus forte participation électorale, mais leurs contenus n'ont pas d'effet mobilisateur : les internautes participationnistes se tournent vers ce type de médias en ayant déjà un intérêt pour la politique et une intention de voter, en vertu d'un effet de sélection.

L'utilisation des réseaux sociaux est par ailleurs liée à un survote pour les candidats populistes, à une plus forte adhésion aux théories du complot et à une polarisation affective plus importante. Les leaders populistes se servent en effet de ces médias pour travailler leur image de personnes proches de la population. Si cette stratégie peut paraître efficace, nous montrons néanmoins que les réseaux sociaux ne « créent » pas d'électeurs populistes : ils les attirent, renforçant leurs attitudes politiques préexistantes. Concernant le complotisme, ils permettent bel et bien une large diffusion de certaines théories, comme lors de l'épidémie de Covid-19, mais l'on observe le même phénomène de renforcement : les individus ayant des prédispositions à croire aux théories du complot voient leur attitude complotiste consolidée par la fréquentation de ce type de contenus. Enfin, les utilisateurs des réseaux sociaux ont davantage tendance à éprouver un sentiment de rejet envers les groupes politiques qui leur sont opposés, ce qui donne à penser que ces médias favorisent une polarité affective via leur effet « bulle de filtre ».

Pour autant, les réseaux sociaux ne doivent pas servir de boucs émissaires face aux phénomènes qui fracturent notre démocratie.

Dépasser une vision naïve des réseaux sociaux

C'est vrai, les réseaux sociaux ne sont pas des médias « comme les autres ». Toutefois, l'existence d'un lien statistique entre l'utilisation des réseaux comme première source d'information et les quatre éléments de la crise de la représentation politique analysés ne permet pas de conclure qu'ils sont la cause de la crise de la représentation politique.

La responsabilité des réseaux sociaux dans la crise de la représentation est tout d'abord limitée par le fait que les pratiques médiatiques ne créent globalement pas de nouvelles attitudes politiques, mais renforcent des comportements préexistants qui, eux, entraînent des pratiques médiatiques différentes. D'autre part, cette corrélation ne doit pas occulter que des variables plus classiques, qu'elles soient sociologiques ou politiques, sont toujours déterminantes pour expliquer les différences d'attitudes politiques. Nous ne soutenons donc nullement que l'explication par les comportements médiatiques doit remplacer tous les autres modèles explicatifs, mais simplement que les facteurs médiatiques doivent être associés aux variables traditionnelles dans l'explication des phénomènes politiques.

Enfin, il ne faut pas perdre de vue que d'autres médias ont également une importante part de responsabilité dans les problématiques que nous traversons. C'est ainsi le fait de s'informer via les chaînes d'information en continu qui est lié à une plus forte radicalité politique, par exemple concernant les positions sur l'immigration, et non le fait de s'informer sur les réseaux sociaux. Il est donc impératif de prendre en compte l'influence de ces nouveaux formats télévisuels pour comprendre les causes de la crise politique actuelle.

Les discours selon lesquels de nombreux problèmes touchant les démocraties occidentales pourraient être résolus par une meilleure régulation des réseaux sociaux résultent ainsi, au mieux, de la naïveté et, au pire, de la tromperie, en cherchant à occulter les manquements propres aux responsables politiques, c'est-à-dire leur incapacité à répondre aux attentes et aux préoccupations des citoyens. L'abstention électorale, l'adhésion à des théories complotistes, le vote pour des partis populistes résultent en premier lieu d'une confiance dégradée envers les dirigeants. Restaurer cette confiance ne peut passer que par des modifications structurelles de la façon dont les institutions fonctionnent et de ce qu'elles produisent en termes de politiques publiques. Ce sont ces deux chantiers qui devraient être au cœur de l'action politique des années à venir.

Lutter contre la polarisation de la société : retrouver le commun

Le principal risque politique créé par les réseaux sociaux se situe finalement ailleurs. Après plusieurs mois de vives inquiétudes concernant leur déroulement, les jeux Olympiques de Paris furent célébrés comme une franche réussite. L'impression de faire partie d'une même communauté partageant un enthousiasme commun a été appréciée par une large partie de la population. À bien des égards, cette bouffée d'air frais peut se lire en négatif du phénomène de polarisation affective dont nous parlions dans ce livre, c'est-à-dire de ce rejet des groupes sociaux et politiques différents du sien, qui augmente au fil des années. Le fait de percevoir l'Autre comme un ennemi par essence est l'un des principaux problèmes qui pèse sur la société actuelle et il résulte d'une méconnaissance tragique de cette altérité. Encore une fois, les réseaux sociaux ne sont pas les seuls responsables de cette situation, mais le phénomène de bulle qu'ils induisent renforce l'appartenance à un cercle social unique, plutôt qu'il n'ouvre des perspectives et favorise les échanges, ce qui est indispensable pour créer du commun.

Si le rôle majeur des réseaux sociaux dans tous les aspects de la crise de la représentation politique est souvent fantasmé, nous appelons toutefois à une réflexion précise sur leur véritable influence : la fermeture d'esprit que leur mode de fonctionnement induit. Avoir conscience du problème, de façon étayée et non fantasmée, est un premier pas vers sa résolution. Évidemment, il ne s'agit pas dans notre cas de naïvement promouvoir un usage des réseaux sociaux davantage axé sur les échanges, en oubliant la logique de conflictualité qui les alimente. Il s'agit plutôt de rappeler que les rapports sociaux, même au XXIe siècle, ne peuvent pas être totalement dématérialisés. Car, au-delà des idées reçues sur leur responsabilité dans les crises actuelles, les réseaux sociaux éloignent les citoyens les uns des autres plutôt qu'ils ne les rapprochent.

Annexes

Figure 5. Analyse en composantes principales (ACP) de la communication des représentants politiques[1]

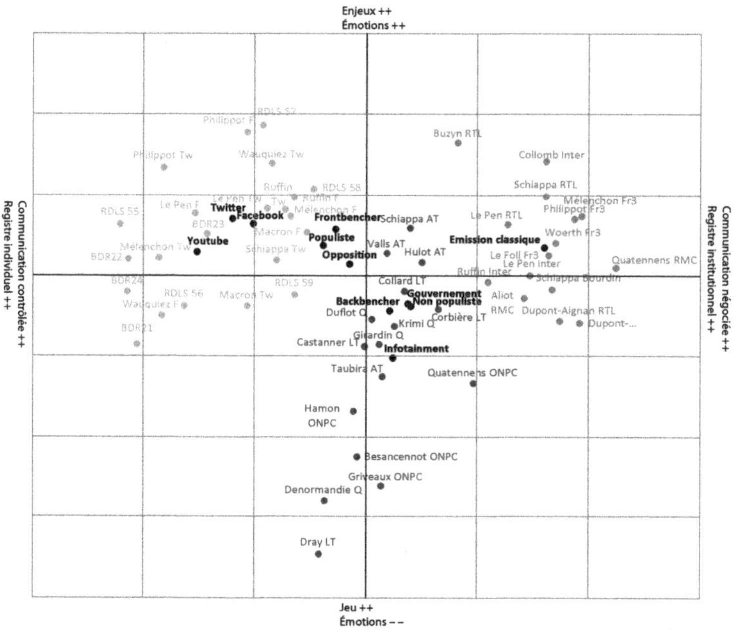

L'axe vertical vient distinguer les cas selon la part d'enjeux dans le discours et selon l'intensité émotionnelle de ce discours[2]. Dans la partie haute du graphique se trouvent ainsi les contenus centrés sur les enjeux politiques et fortement chargés en émotions. Dans la partie basse se trouvent au contraire les contenus se focalisant davantage sur le jeu politique et peu chargés en émotions. L'axe horizontal sépare pour sa part les contenus selon le registre utilisé et selon le fait que la communication soit contrôlée ou non. À gauche du graphique se trouvent les contenus où la contrainte journalistique est faible et où le registre utilisé est individuel. À droite du graphique se trouvent les contenus où le registre est institutionnel et où les journalistes imposent une forte contrainte à la communication de l'invité.

Deux constats s'imposent en premier lieu à la lecture des résultats de cette ACP, venant apporter une contribution à la compréhension des mécanismes liés à la communication des représentants politiques.

D'une part, les représentants politiques mettent davantage en avant leurs émotions dans les cas où la part d'enjeux politiques est élevée. Le coefficient de corrélation entre la mise en avant des émotions et la mise en avant des enjeux politiques est de 0.25. Ce résultat est intéressant, dans la mesure où peu d'études se sont concentrées sur l'analyse combinée des enjeux politiques et de la rhétorique émotionnelle. Généralement, la recherche montre que les contenus développant des enjeux politiques davantage que le jeu politique sont valorisables, car ils donnent aux citoyens de véritables clés de compréhension du monde social et les incitent, par là, à participer politiquement et électoralement[3]. À l'inverse, les émotions sont généralement perçues négativement, la rhétorique émotionnelle ferait ainsi partie de la « campagne négative[4] » : si elles sont en mesure d'inciter les citoyens à participer électoralement, elles s'opposeraient néanmoins à la raison et pousseraient les individus à faire des choix moins éclairés. Notre étude montre cependant que la rhétorique émotionnelle et le développement des enjeux politiques ont plutôt tendance à aller de pair, alors que ces deux éléments étaient jusqu'ici analysés de manière disjointe.

D'autre part, le registre individuel est associé à une communication contrôlée ($r = 0.39$), alors qu'il n'est pas corrélé au dévoilement émotionnel ($r = -0.05$). Cela montre ainsi qu'émotions et personnalisation de la communication ne doivent pas être confondues, alors que c'était parfois le cas[5]. Par ailleurs, le fait que les représentants politiques adoptent un registre plus individuel quand ils sont laissés plus libres par le journaliste qui les interviewe est une donnée intéressante. Lorsque le journaliste pousse davantage le représentant politique dans ses retranchements, celui-ci n'est pas à même d'utiliser un registre individuel et doit au contraire présenter une posture plus institutionnelle.

On perçoit également un fort déterminant médiatique au contenu de la communication des représentants politiques. C'est un résultat essentiel pour notre recherche. Nous cherchions en effet, dans toute cette première partie de thèse, à déterminer s'il existait de réelles différences de contenus en fonction des formats médiatiques dans lesquels le représentant politique est amené à s'exprimer. Cette ACP montre que c'est bel et bien le cas.

Il existe tout d'abord une forte homogénéité de contenus à l'intérieur du groupe des émissions classiques et à l'intérieur du groupe de contenus en ligne. Les émissions classiques et les différents contenus en ligne se retrouvent globalement au même niveau sur l'axe vertical, en haut du graphique : les enjeux politiques sont fortement présents dans ces contenus, tout comme la rhétorique émotionnelle, bien davantage que dans les émissions d'*infotainment.* Notre première hypothèse est ainsi partiellement validée.

Néanmoins si les données brutes montraient que les réseaux sociaux mettent davantage en avant les enjeux politiques que les émissions classiques, l'ACP plaide – toutes choses égales par ailleurs – pour une absence de différences à ce niveau.

Les contenus en ligne et les émissions classiques sont néanmoins opposés sur l'axe horizontal. À gauche du graphique, les contenus en ligne se déroulent sans contradicteurs et le registre utilisé est largement individuel. À l'inverse, à droite du graphique, les émissions classiques contraignent largement la communication des représentants politiques et le registre utilisé est beaucoup plus institutionnel. Les émissions d'*infotainment* occupent une position intermédiaire entre les émissions classiques et le contenu en ligne sur l'axe horizontal. La communication y est moins contrôlée que dans les contenus en ligne mais davantage que dans les émissions classiques. Notre quatrième hypothèse est totalement validée, la communication est plus contrôlée sur les réseaux sociaux que dans les émissions d'*infotainment* et davantage contrôlée dans les émissions d'*infotainment* que dans les interviews classiques.

Le registre utilisé est également intermédiaire au sein des émissions d'*infotainment*: plus individualisé que dans les émissions classiques mais moins que sur les réseaux sociaux. Notre deuxième hypothèse est validée, le registre individuel est davantage présent dans les émissions d'*infotainment* que dans les émissions classiques, et davantage présent encore sur les réseaux sociaux que dans les émissions d'*infotainment*. Sur l'axe vertical, on perçoit néanmoins une plus forte hétérogénéité entre les différentes émissions d'*infotainment*. Certaines se trouvent clairement en bas du graphique, faisant ainsi la part belle au jeu politique sans dévoilement des émotions, quand d'autres sont au contraire plus hautes dans le graphique : les enjeux y sont plus développés et les émotions mises en avant. En ce qui concerne notre troisième hypothèse, celle-ci est seulement partiellement validée. Les réseaux sociaux sont bien des espaces qui maximisent la rhétorique émotionnelle. Cependant, celle-ci est globalement moins forte dans les émissions d'*infotainment* que dans les émissions classiques. La rhétorique émotionnelle allant de pair avec le développement des enjeux politiques, cela explique ainsi sa moindre utilisation dans les émissions d'*infotainment*, espaces valorisant davantage le jeu politique que les enjeux politiques.

Par ailleurs, on remarque certaines différences en fonction des autres variables illustratives. Ainsi, les représentants de partis populistes, les représentants situés dans l'opposition et les leaders de partis ont une communication davantage centrée sur les enjeux politiques avec une plus forte rhétorique émotionnelle et un registre de discours individuel. Au contraire, les représentants de partis classiques, ceux situés dans la majorité gouvernementale et n'étant pas leaders du mouvement ont une communication plus centrée sur le jeu politique, avec moins d'émotions et un registre plus institutionnel. Néanmoins, les points matérialisant ces trois variables illustratives sont globalement tous situés dans le centre du graphique, contrairement aux points distinguant les formes de communication. C'est bien l'endroit où s'effectue la communication qui détermine le contenu de celle-ci, bien davantage que les caractéristiques des représentants politiques qui l'effectuent.

Trois types de contenus se dégagent donc, correspondant aux trois types de formats médiatiques analysés. La communication dans les émissions politiques classiques est composée essentiellement d'enjeux politiques, avec une assez forte rhétorique émotionnelle. Le registre utilisé est cependant beaucoup plus institutionnel qu'individuel et la communication doit être négociée avec le journaliste. La communication sur les réseaux sociaux se caractérise également par une forte mise en avant des enjeux politiques et par une forte rhétorique émotionnelle. Cependant, le registre y est beaucoup plus individuel que dans les émissions classiques et la communication est, logiquement, totalement contrôlée par le représentant politique. Les émissions d'*infotainment* se caractérisent par une position intermédiaire, en termes de contrôle de la communication et de registre. Par ailleurs, le jeu politique y est prépondérant et la rhétorique émotionnelle, assez peu présente.

Figure 10. Modélisation de la participation électorale au premier tour de la présidentielle et au premier tour des législatives
(*** p<0.01, ** p<0.05, * p<0.1)

	Premier tour de l'élection présidentielle	Premier tour des élections législatives (certitude d'aller voter)
Âge	0.306***	0.293***
Catégories socioprofessionnelles		
Agriculteur exploitant	0.374	-0.475
Artisan, commerçant, chef d'entreprise	-0.368	-0.170
Cadre supérieur	-0.103	-0.004
Employé	-0.427**	-0.267***
Ouvrier	-0.407*	-0.181*
Retraité	-0.288	-0.028

	Premier tour de l'élection présidentielle	Premier tour des élections législatives (certitude d'aller voter)
Inactif	-0.5893***	-0.257*
Profession intermédiaire	(ref)	(ref)
Sexe		
Femme	-0.085	0.025
Homme	(ref)	(ref)
Niveau d'éducation	0.021	0.027*
Autopositionnement politique		
Extrême gauche	0.237	0.179*
Gauche	0.022	0.071
Droite	0.258*	0.251***
Extrême droite	0.787***	0.671**
Centre	(ref)	(ref)
Information		
S'être informé politiquement	0.805***	0.866***
Ne pas s'être informé (ref.)		
Confiance politique	1.562***	0.866***
Constante	1.867***	7.719***
Observations	7658	6046
R-squared	0.032	0.043

Figure 11. Modélisation de la participation électorale au premier tour de la présidentielle et au premier tour des législatives
(*** $p<0.01$, ** $p<0.05$, * $p<0.1$)

	Premier tour de l'élection présidentielle	Premier tour des élections législatives (certitude d'aller voter)
Âge	0.216***	0.029***
Catégories socioprofessionnelles		
Agriculteur exploitant	-0.131	-1.242**
Artisan, commerçant, chef d'entreprise	-0.525	-0.127
Cadre supérieur	0.0813	0.010
Employé	-0.369*	-0.205*
Ouvrier	-0.340	-0.409**
Retraité	-0.385*	-0.150
Inactif	-0.469**	-0.207
Profession intermédiaire	(ref)	(ref)
Sexe		
Femme	-0.049	-0.080
Homme	(ref)	(ref)
Niveau d'éducation	-0.014	0.067***

	Premier tour de l'élection présidentielle	Premier tour des élections législatives (certitude d'aller voter)
Autopositionnement politique		
Extrême gauche	0.417	0.577***
Gauche	0.208	0.294***
Droite	0.448***	0.107
Extrême droite	1.076***	0.734***
Centre	(ref)	(ref)
Premier média utilisé pour s'informer		
Chaînes d'information en continu	0.038	-0.067
Émissions politiques et de débat	0.107	0.058
Radio	0.093	0.003
Presse écrite	0.084	0.047
Internet et réseaux sociaux	0.123	0.333***
Journaux télévisés	(ref)	
Confiance politique	2.023***	1.652***
Constante	0.658	5.785***
Observations	6762	5496
R-squared	0.04	0.05

Figure 12. Modélisation de l'intention de voter aux scrutins suivants
(*** p<0.01, ** p<0.05, * p<0.1)

Sexe	
Femme	0.324*
Homme	(ref)
Âge	-0.00325
Niveau d'éducation	0.0301
Niveau de revenu	0.0542*
Sentiment de compétence politique	0.0487
Intérêt pour la politique	-0.0945
Média utilisé	
Interview politique classique	0.248
Média d'*infotainment*	0.0375
YouTube	0.206
Constante	4.578***
Observations	335
R-squared	0.029

Figure 15. Modélisation logistique multinomiale
de l'utilisation des médias comme sources d'information
(*** $p < 0.01$, ** $p < 0.05$, * $p < 0.1$)

	Chaînes info	Journaux télévisés (ref)	*Infotainment*	Radio	Presse écrite	Presse en ligne	Réseaux sociaux
Âge	-0.002		0.005	0.001	0.016***	-0.004	0.047***
Niveau d'éducation	0.066**		0.120***	0.266***	0.243***	0.424***	0.186***
Catégories socioprofessionnelles							
Agriculteur exploitant	0.406		-0.510	1.009	0.746	-0.133	-12.45
Artisan, commerçant, chef d'entreprise	0.283		0.547*	0.432	0.667**	0.935***	0.085
Cadre supérieur	0.161		-0.007	0.370**	0.071	0.536***	0.284
Employé	0.251*		-0.134	-0.041	0.0563	0.144	0.360
Ouvrier	0.049		-0.146	0.319	-0.175	-0.425	0.444
Retraité	0.223		0.065	0.026	0.083	0.090	0.421
Inactif	0.392**		-0.258	-0.116	-0.045	0.349	0.496*
Profession intermédiaire	(ref)		(ref)	(ref)	(ref)	(ref)	(ref)

	Chaînes info	Journaux télévisés (ref)	*Infotainment*	Radio	Presse écrite	Presse en ligne	Réseaux sociaux
Sexe							
Femme	-0.076		0.100	-0.076	0.453***	0.296***	0.098
Homme	(ref)		(ref)	(ref)	(ref)	(ref)	(ref)
Autopositionnement politique							
Extrême gauche	-0.101		0.426*	0.221	0.809***	0.944***	0.856***
Gauche	-0.124		0.149	0.244**	0.152	0.430***	0.098
Droite	0.160*		-0.099	0.531***	-0.092	0.351***	0.038
Extrême droite	0.544***		0.183	0.623***	-0.127	-0.472**	0.742***
Centre	(ref)		(ref)	(ref)	(ref)	(ref)	(ref)
Populisme	0.456*		-0.316	-0.133	-0.339	0.875***	3.875***
Constante	1.319***		-1.737***	2.101***	2.651***	3.736***	3.961***
Observations				6.385			
R2				0.04			

Notes

Introduction

1. Pierre Rosanvallon. *La Contre-démocratie : La politique à l'âge de la défiance*, Seuil, 2006 ; Luc Rouban, *Les Raisons de la défiance*, Presses de Sciences Po, 2022 ; Luc Rouban, « Une démocratie sans électeurs », *Constructif*, N° 61, 2022, p. 25-28 : https://doi.org/10.3917/const.061.0025

2. Pascal Delwit, "The End of Voters in Europe? Electoral Turnout in Europe since WWII", *Open Journal of Political Science*, Vol. 3, N° 1, 2013, p. 44-52 : https://doi.org/10.4236/ojps.2013.31007 ; Vincent Tiberj, « Le vote décentré ? : Renouvellement générationnel et rapport à la participation électorale en France », *Revue française de science politique*, Vol. 68, 2018, p. 821-845 : https://doi.org/10.3917/rfsp.685.0821

3. Céline Braconnier, Jean-Yves Dormagen, *La Démocratie de l'abstention : Aux origines de la démobilisation électorale en milieu populaire*, Gallimard, 2007.

4. Pierre Martin, *Crise mondiale et systèmes partisans*, Presses de Sciences Po, 2018.

5. Ernesto Laclau, *La Raison populiste*, Seuil, 2008 ; Ernesto Laclau, Chantal Mouffe, *Hegemony and socialist strategy: Towards a radical democratic politics*, Verso, 1985 ; Cas Mudde, "The Populist Zeitgeist", *Government and Opposition*, Vol. 39, N° 4, 2004, p. 541-563 : https://doi.org/10.1111/j.1477-7053.2004.00135.x

6. Steffen Mohrenberg, Robert A. Huber, Tina Freyburg, "Love at first sight? Populist attitudes and support for direct democracy", *Party Politics*, Vol. 27, N° 3, 2021, p. 528-539 : https://doi.org/10.1177/1354068819868908 ; Eva-Maria Trüdinger, André Bächtiger, "Attitudes vs. actions? Direct-democratic preferences and participation of populist citizens", *West European Politics*, Vol. 46, N° 1, p. 241-254 : https://doi.org/10.1080/01402382.2021.2023435

7. Daniel Allington, Bobby Duffy, Simon Wessely, Nayana Dhavan, James Rubin, "Health-protective behaviour, social media usage and conspiracy belief during the COVID-19 public health emergency", *Psychological Medicine*, Vol. 51, N° 10, 2021, p. 1763-1769 : https://doi.org/10.1017/S003329172000224X; Daniel Freeman, Richard P. Bentall, "The concomitants of conspiracy concerns", *Social Psychiatry and Psychiatric Epidemiology*, Vol. 52, N° 5, 2017, p. 595-604 : https://doi.org/10.1007/s00127-017-1354-4 ; Ethan Zuckerman, "QAnon and the Emergence of the Unreal", *Journal of Design and Science*, N° 6, 2019 : https://doi.org/10.21428/7808da6b.6b8a82b9

8. Ethan Zuckerman, "QAnon and the Emergence of the Unreal", *op. cit.*

9. Damien Leloup, Florian Reynaud, « Emmanuel Macron suggère de bloquer les réseaux sociaux pendant les émeutes, une pratique très controversée », *Le Monde*, 5 juillet 2023 : https://www.lemonde.fr/pixels/article/2023/07/05/emmanuel-macr

on-suggere-de-bloquer-les-reseaux-sociaux-pendant-les-emeu tes_6180622_4408996.html

10. Kees Brants, "Who's afraid of infotainment?", *European Journal of Communication*, Vol. 13, N° 3, 1998, p. 315-335; Aurélien Le Foulgoc, *Politique & télévision: Extension du domaine politique*, INA, 2010; Pierre Leroux, Philippe Riutort, *La Politique sur un plateau: Ce que le divertissement fait à la représentation*, PUF, 2013.

11. Mattias Ekman, Andreas Widholm, "Political communication in an age of visual connectivity: Exploring Instagram practices among Swedish politicians", *Northern lights: Film & media studies yearbook*, Vol. 15, N° 1, 2017, p. 15-32; Gunn Enli, "Twitter as arena for the authentic outsider: Exploring the social media campaigns of Trump and Clinton in the 2016 US presidential election", *European Journal of Communication*, Vol. 32, N° 1, 2017, p. 50-61; Karin Liebhart, Petra Bernhardt, "Political Storytelling on Instagram: Key Aspects of Alexander Van der Bellen's Successful 2016 Presidential Election Campaign", *Media and Communication*, Vol 5, N° 4, 2017, p. 15-25: https://doi.org/10.17645/mac.v5i4.1062; Brian L. Ott, "The Age of Twitter: Donald J. Trump and the Politics of Debasement", *Critical Studies in media communication*, Vol. 34, N° 1, 2017, p. 59-68.

12. Marie-Anne Cohendet, « Une crise de la représentation politique? », *Cités*, Vol. 2, N° 18, 2004, p. 41: https://doi.org/10.3917/cite.018.0041

13. Ronald Inglehart, *Culture Shift in Advanced Industrial Society*, Princeton University Press, 1990.

14. Daniel Gaxie, *Le Cens caché: Inégalités culturelles et ségrégation politique*, Seuil, 1978, p. 152.

15. Vincent Tiberj, *Les citoyens qui viennent : Comment le renouvellement générationnel transforme la politique en France*, PUF, 2017.

16. Marie-Anne Cohendet, « Une crise de la représentation politique ? », *op. cit.*

17. Bernard Manin, *Principes du gouvernement représentatif*, Calmann-Lévy, 1995.

18. Bernard Pudal, *Prendre parti : Pour une sociologie historique du PCF*, Presses de la Fondation nationale des sciences politiques, 1989.

19. Julian Mischi, *Servir la classe ouvrière : Sociabilités militantes au PCF*, Presses universitaires de Rennes, 2010.

20. Michel Hastings, *Halluin la Rouge, 1919-1939 : Aspects d'un communisme identitaire*, Presses universitaires de Lille, 1991.

21. Frédéric Sawicki, *Les Réseaux du Parti socialiste : Sociologie d'un milieu partisan*, Belin, 1997.

22. Jan W. Van Deth, "A conceptual map of political participation", *Acta Politica*, Vol. 49, N° 3, 2014, p. 349-367 : https://doi.org/10.1057/ap.2014.6

23. Pierre Rosanvallon, « Le mythe du citoyen passif », *Le Monde*, juin 2004.

24. Ronald Inglehart, *Culture Shift in Advanced Industrial Society*, *op. cit.*

25. Vincent Tiberj, *Les citoyens qui viennent…*, *op. cit.*

26. Filip Kostelka, André Blais, "The Generational and Institutional Sources of the Global Decline in Voter Turnout", *World Politics*, Vol. 73, N° 4, 2021, p. 629-667 : https://doi.org/10.1017/S0043887121000149 ; Pierre Martin, *Crise mondiale et systèmes partisans*, *op. cit.*

27. Dominique Schnapper, « La fin de l'idée de représentation ? », *Où va notre démocratie*, Éditions de la Bibliothèque

publique d'information, 2008, p. 51 : https://doi.org/10.4000/books.bibpompidou.732

28. Hanna F. Pitkin, *The concept of representation*, University of California Press, 1972.

29. Bernard Manin, *Principes du gouvernement représentatif, op. cit.*

30. Pierre Rosanvallon, *Le Peuple introuvable : Histoire de la représentation démocratique en France*, Gallimard, 1998.

31. Frédéric Gonthier, Tristan Guerra, "From the People, Like the People, or For the People? Candidate Appraisal Among the French Yellow Vests", *Political Psychology*, Vol. 43, N° 5, 2022, p. 969-989 : https://doi.org/10.1111/pops.12826

32. Antoine Bristielle, *À qui se fier ? De la crise de confiance institutionnelle à la crise sanitaire*, Éditions de l'Aube, Fondation Jean-Jaurès, 2021.

33. Émiliano Grossman, Nicolas Sauger, *Pourquoi détestons-nous autant nos politiques ?*, Presses de Sciences Po, 2017.

34. Marta Kolczynska, Paul-Christian Bürkner, Lauren Kennedy, Aki Vehtari, *Modeling public opinion over time and space: Trust in State institutions in Europe, 1989-2019*, SocArXiv, 2020 : https://doi.org/10.31235/osf.io/3v5g7

35. Katy Brown, Aurelien Mondon, "Populism, the media, and the mainstreaming of the far right. *The Guardian*'s coverage of populism as a case study", *Politics*, vol. 41, N° 3, 2021, p. 279-295 : https://doi.org/10.1177/0263395720955036 ; Benjamin Moffitt, "The Populism/Anti-Populism Divide in Western Europe", *Democratic Theory*, Vol. 5, N° 2, 2018, p. 1-16 : https://doi.org/10.3167/dt.2018.050202

36. Jason Glynos, Aurelien Mondon, "The Political Logic of Populist Hype: The Case of Right-wing Populism's 'Meteoric Rise' and Its Relation to the Status Quo 1",

Populism and Passions, Routledge, p. 82-101 : https://doi.org/10.4324/9781351205474-6

37. Cas Mudde, "The Populist Zeitgeist", *Government and Opposition*, *op. cit.*; Cas Mudde, Cristobal Rovira Kaltwasser, "Exclusionary vs. Inclusionary Populism: Comparing Contemporary Europe and Latin America", *Government and Opposition*, Vol. 48, N° 32, 2013, p. 147-174 : https://doi.org/10.1017/gov.2012.11

38. Cas Mudde, "The Populist Zeitgeist", *Government and Opposition, op. cit.*

39. Donatella Della Porta, *Social movements in times of austerity: Bringing capitalism back into protest analysis*, Polity, 2015 ; Luke March, "From Vanguard of the Proletariat to Vox Populi: Left-Populism as a 'Shadow' of Contemporary Socialism", *SAIS Review of International Affairs*, Vol. 27, N° 1, 2007, p. 63-77 : https://doi.org/10.1353/sais.2007.0013

40. Cas Mudde, Cristobal Rovira Kaltwasser, "Exclusionary vs. Inclusionary Populism: Comparing Contemporary Europe and Latin America", *op. cit.*, p. 95.

41. Koen Abts, Stefan Rummens, "Populism versus Democracy", *Political Studies*, Vol. 55, N° 2, 2007, p. 405-424 : https://doi.org/10.1111/j.1467-9248.2007.00657.x ; Charlene McKibben, "Populism on the periphery of democracy: Moralism and recognition theory", *Critical Review of International Social and Political Philosophy*, Vol. 6, N° 6, 2023, p. 897-917 : https://doi.org/10.1080/13698230.2020.1799159 ; Jan-Werner Müller, "'The People Must Be Extracted from Within the People': Reflections on Populism", *Constellations*, Vol. 21, N° 4, 2014, p. 483-493 : https://doi.org/10.1111/1467-8675.12126 ; Takis S. Pappas, *Populism and Liberal Democracy: A Comparative and Theoretical Analysis*, Oxford University Press, 2019 : https://doi.org/10.1093/

oso/9780198837886.001.0001 ; Nadia Urbinati, *Democracy disfigured: Opinion, truth, and the people*, Harvard University Press, 2014.

42. Ernesto Laclau, *La Raison populiste*, *op. cit.*, p. 167.

43. Chantal Mouffe, *L'Illusion du consensus*, Albin Michel, 2016.

44. Margaret Canovan, "Trust the People! Populism and the Two Faces of Democracy", *Political Studies*, Vol. 47, N° 1, 1999, p. 2-16 : https://doi.org/10.1111/1467-9248.00184 ; Ernesto Laclau, *La Raison populiste*, *op. cit.*

45. Frederico Tarragoni, *L'Esprit démocratique du populisme : Une nouvelle analyse sociologique*, La Découverte, 2019.

46. Si nous avons déjà consacré un précédent ouvrage à ce sujet, il nous semble néanmoins indispensable de lui faire une place dans ce livre, tant il est une manifestation prégnante des maux qui touchent les démocraties occidentales.

47. Karl Popper, *La Société ouverte et ses ennemis*, Seuil, 1990.

48. Michael Freeden, "Democracy dis-integrated: The current conceptual confusion", *Journal of Political Ideologies*, Vol. 25, N° 1, 2020, p. 1-10 : https://doi.org/10.1080/13569317.2020.1706814

49. Ethan Zuckerman, "QAnon and the Emergence of the Unreal", *op. cit.*

50. Daniel Allington, Bobby Duffy, Simon Wessely, Nayana Dhavan, James Rubin, "Health-protective behaviour, social media usage and conspiracy belief during the COVID-19 public health emergency", *op. cit.*

51. Ethan Zuckerman, "QAnon and the Emergence of the Unreal", *op. cit.*

52. Daniel Allington, Bobby Duffy, Simon Wessely, Nayana Dhavan, James Rubin, "Health-protective behaviour,

social media usage and conspiracy belief during the COVID-19 public health emergency", *op. cit.*

53. Frederico Tarragoni, *L'Esprit démocratique du populisme : Une nouvelle analyse sociologique*, *op. cit.*

54. *Ibid.*

55. Luc Rouban, *La Matière noire de la démocratie*, Presses de Sciences Po, 2019.

56. Bruno Castanho Silva, Frederico Vegetti, Levente Littvay, "The Elite Is Up to Something: Exploring the Relation Between Populism and Belief in Conspiracy Theories", *Swiss Political Science Review*, Vol. 23, N° 4, 2017, p. 423-443 : https://doi.org/10.1111/spsr.12270

57. Frederico Vegetti, Levente Littvay, "Belief in conspiracy theories and attitudes toward political violence", *Italian Political Science Review/Rivista Italiana Di Scienza Politica*, Vol. 52, N° 1, 2022, p. 18-32 : https://doi.org/10.1017/ipo.2021.17

58. Arndt Leininger, Felix Grünewald, Nelly Buntfuß, *Ideological and affective polarization in multiparty systems*, 2023 : https://doi.org/10.31235/osf.io/mz6rs

59. Markus Wagner, "Affective polarization in multiparty systems", *Electoral Studies*, Vol. 69, 2021 : https://doi.org/10.1016/j.electstud.2020.102199

60. Jacques Gerstlé, Christophe Piar, *La Communication politique*, Armand Colin, 2020.

61. Harold D. Lasswell, "The Theory of Political Propaganda", *American Political Science Review*, Vol. 21, N° 3, 1927, p. 627-631 : https://doi.org/10.2307/1945515

62. Maxwelle E. McCombs, Donald L. Shaw, "The Agenda-Setting Function of Mass Media", *Public Opinion Quarterly*, Vol. 36, N° 2, p. 176-187 : https://doi.org/10.1086/267990

63. Shanto Iyengar, Donald R. Kinder, *News that matters: Television and American opinion*, University of Chicago Press, 1987.

64. Pierre Leroux, Philippe Riutort, *La Politique sur un plateau : Ce que le divertissement fait à la représentation, op. cit.*

65. Kees Brants, "Who's afraid of infotainment?", *op. cit.* ; Aurélien Le Foulgoc, *Politique & télévision : Extension du domaine politique, op. cit.*

66. Aurélien Le Foulgoc, *Politique & télévision : Extension du domaine politique, op. cit.*, p. 149.

67. *Ibid.*

68. W. Lance Bennett, Alexandra Segerberg, "The Logic of Connective Action: Digital media and the personalization of contentious politics", *Information, Communication & Society*, Vol. 15, N° 5, 2012, p. 739-768 : https://doi.org/10.1080/1369118X.2012.670661 ; Julien Boyadjian, « Les usages politiques différenciés de Twitter : Esquisse d'une typologie des "twittos politiques" », *Politiques de communication*, Vol. 1, N° 6, 2016, p. 31 : https://doi.org/10.3917/pdc.006.0031 ; Michael Chan, "Social Network Sites and Political Engagement: Exploring the Impact of Facebook Connections and Uses on Political Protest and Participation", *Mass Communication and Society*, Vol. 19, N° 4, 2016, p. 430-451 : https://doi.org/10.1080/15205436.2016.1161803

69. Clément Mabi, Anaïs Theviot, « La rénovation par le web ? Dispositifs numériques et évolution du militantisme au PS », *Participations*, Vol. 1, N° 8, 2014, p. 97-126 : https://doi.org/10.3917/parti.008.0097 ; Anaïs Theviot, « Qui milite sur Internet ? Esquisse du profil sociologique du "cyber-militant" au PS et à l'UMP », *Revue française de science politique*, Vol. 63, N° 3, p. 663-678 : https://doi.org/10.3917/rfsp.633.0663

70. Pippa Norris, Ronald Inglehart, *Cultural backlash: Trump, Brexit, and the rise of authoritarian-populism*, Cambridge University Press, 2018.

71. James N. Druckman, Martin J. Kifer, Michael Parkin, "U.S. Congressional Campaign Communications in an Internet Age", *Journal of Elections, Public Opinion and Parties*, Vol. 24, N° 1, 2014, p. 20-44 : https://doi.org/10.1080/17457289.2013.832255 ; Roman Gerodimos, Jakup Justinussen, "Obama's 2012 Facebook Campaign: Political Communication in the Age of the Like Button", *Journal of Information Technology & Politics*, Vol. 12, N° 2, 2015, p. 113-132 : https://doi.org/10.1080/19331681.2014.982266 ; Abdulsamad Sahly, Chun Shao, K. Hazel Kwon, "Social Media for Political Campaigns: An Examination of Trump's and Clinton's Frame Building and Its Effect on Audience Engagement", *Social Media + Society*, Vol. 5, N° 2, 2019 : https://doi.org/10.1177/2056305119855141

PREMIÈRE PARTIE
Comment les médias déterminent la communication politique

Chapitre 1
La communication politique, un exercice sous contrainte

1. Matthew A. Baum, "Soft News and Political Knowledge: Evidence of Absence or Absence of Evidence?", *Political Communication*, Vol. 20, N° 2, 2003, p. 173-190 ;

Thomas E. Patterson, *Out of Order*, Vintage Book, 1994 ; Peter Van Aelst, Jesper Strömbäck, Toril Aalberg, Frank Esser, Claes de Vreese, Jorg Matthes *et al.*, "Political communication in a high-choice media environment: A challenge for democracy?", *Annals of the International Communication Association*, Vol. 41, N° 1, 2017, p. 3-27 : https://doi.org/10.1080/23808985.2017.1288551

2. Jacques Gerstlé, Olivier Duhamel, Dennis K. Davis, « La Couverture télévisée des campagnes présidentielles. L'élection de 1988 aux États-Unis et en France », *Pouvoirs*, 1992, p. 53-69 ; Christophe Piar, *Comment se jouent les élections : Télévision et persuasion en campagne électorale*, INA, 2012 ; Christophe Piar, « La présidentielle vue par les JT », in *Le Vote disruptif. Les élections présidentielles et législatives de 2017*, Presses de Sciences Po, 2017, p. 73-99.

3. Markus Prior, "News vs. Entertainment: How Increasing Media Choice Widens Gaps in Political Knowledge and Turnout", *American Journal of Political Science*, Vol. 49, N° 3, 2005, p. 577-592 : https://doi.org/10.1111/j.1540-5907.2005.00143.x

4. Kees Brants, "Who's Afraid of Infotainment?", *op. cit.* ; Aurélien Le Foulgoc, *Politique & Télévision : Extension du domaine politique, op. cit.* ; Pierre Leroux, Philippe Riutort, *La Politique sur un plateau : Ce que le divertissement fait à la représentation, op. cit.*

5. Andreu Casero-Ripollés, Marçal Sintes-Olivella, Pere Franch, "The Populist Political Communication Style in Action: Podemos's Issues and Functions on Twitter During the 2016 Spanish General Election", *American Behavioral Scientist*, Vol. 61, N° 9, p. 986-1001 : https://doi.org/10.1177/0002764217707624 ; Brian L. Ott, "The Age of Twitter: Donald J. Trump and the Politics of Debasement", *op. cit.*

6. Ces termes désignent de courtes vidéos de quelques dizaines de secondes au maximum, censées être divertissantes et retenir l'attention de l'utilisateur.

7. Frederico Ferreira da Silva, Diego Garzia, Andrea De Angelis, “From Party to Leader Mobilization? The Personalization of Voter Turnout”, *Party Politics*, Vol. 27, N° 2, 2021, p. 220-233 : https://doi.org/10.1177/1354068819855707

8. Eun-Ju Lee, Soo Youn Oh, “To Personalize or Depersonalize? When and How Politicians' Personalized Tweets Affect the Public's Reactions: Politicians' Twitter Communication”, *Journal of Communication, 62* (6), 2012, p. 932-949 : https://doi.org/10.1111/j.1460-2466.2012.01681.x

9. IPSOS, *Enquête électorale française Élections européennes – vague 5*, mai 2024 : https://www.ipsos.com/sites/default/files/ct/news/documents/2024-06/ipsos-enquete-electorale-europeennes-2024-vague-5-rapport-complet-WEB.pdf

10. Kees Brants, “Who's Afraid of Infotainment?”, *op. cit.* ; Kees Brants, Peter Neijens, “The Infotainment of Politics”, *Political Communication*, Vol. 15, N° 2, 1998, p. 149-164 : https://doi.org/10.1080/105846098809342363 ; Aurélien Le Foulgoc, *Politique & Télévision : Extension du domaine politique*, *op. cit.* ; Pierre Leroux, Philippe Riutort, *La Politique sur un plateau : Ce que le divertissement fait à la représentation*, *op. cit.*

11. Gunn Sara Enli, Eli Skogerbø, “Personalized Campaigns in Party-centered Politics: Twitter and Facebook as Arenas for Political Communication”, *Information, Communication & Society*, Vol. 16, N° 5, p. 757-774 ; Heather K. Evans, Victoria Cordova, Svannah Sipole, “Twitter Style: An Analysis of How House Candidates Used Twitter in Their 2012 Campaigns”, *PS: Political Science & Politics*, Vol. 47, N° 2, p. 454-462 : https://doi.org/10.1017/S1049096514000389 ; Amparo López-Meri,

Silvia Marcos-García, Andreu Casero-Ripollés, "What Do Politicians Do on Twitter? Functions and Communication Strategies in the Spanish Electoral Campaign of 2016", *El profesional de la información*, Vol. 26, N° 5, 2017, p. 795-804.

12. Jacques Gerstlé, Alessandro Nai, "Negativity, Emotionality and Populist Rhetoric in Election Campaigns Worldwide, and Their Effects on Media Attention and Electoral Success", *European Journal of Communication*, Vol. 34, N° 4, 2019, p. 410-444 : https://doi.org/10.1177/0267323119861875 ; Alessandro Nai, "Fear and Loathing in Populist Campaigns? Comparing the Communication Style of Populists and Non-populists in Elections Worldwide", *Journal of Political Marketing*, 2018, p. 1-32 : https://doi.org/10.1080/15377857.2018.1491439 ; David P. Redlawsk, *Feeling politics: Emotion in political information processing*, Palgrave Macmillan, 2006.

13. Jennifer S. Lerner, Dacher Keltner, "Fear, Anger, and Risk", *Journal of Personality and Social Psychology*, Vol. 81, N° 1, 2001, p. 146-159 : https://doi.org/10.1037/0022-3514.81.1.146 ; Pavlos Vasilopoulos, George E. Marcus, Nicholas A. Valentino, Martial Foucault, "Fear, Anger, and Voting for the Far Right: Evidence From the November 13, 2015 Paris Terror Attacks", *Political Psychology*, Vol. 40, N° 4, 2019, p. 679-704 : https://doi.org/10.1111/pops.12513

14. Geoffrey Pleyers, Marlies Glasius, « La Résonance des "mouvements des places" : Connexions, émotions, valeurs », *Socio*, Vol. 2, 2013, p. 59-80 : https://doi.org/10.4000/socio.393

15. Ted Brader, "Striking a Responsive Chord: How Political Ads Motivate and Persuade Voters by Appealing to Emotions", *American Journal of Political Science*, Vol. 49, N° 2, 2005, p. 388-405 : https://doi.org/10.1111/j.0092-5853.2005.00130.x

16. Christian Le Bart, *L'Ego-politique : Essai sur l'individualisation du champ politique*, Armand Colin, 2013 ; Christian Le Bart, *Les Émotions au pouvoir*, Armand Colin, 2018.

17. Kees Brants, "Who's Afraid of Infotainment?", *op. cit.*

18. Agnese Sampietro, Lidia Valera Ordaz, "Emotional Politics on Facebook. An Exploratory Study of Podemos' Discourse During the European Election Campaign 2014", *Recerca. Revista de pensament i anàlisi*, Vol. 17, 2015, p. 61-83 : https://doi.org/10.6035/Recerca.2015.17.4

19. Jacques Gerstlé, Christophe Piar, *La Communication politique*, *op. cit.*

20. Aleksandra Nowakowska, Jacques Bres, « Poser des questions, ce n'est jamais un scandale ! Interview politique, question contrediscursive médiée et polémique », in *Culture & Communication*, De Boeck Supérieur, 2011, p. 69-87 : https://doi.org/10.3917/dbu.miche.2011.01.0069

21. Christophe Piar, *Comment se jouent les élections : Télévision et persuasion en campagne électorale*, *op. cit.*

22. Aurélien Le Foulgoc, *Politique et Télévision : Extension du domaine politique*, *op. cit.* ; Pierre Leroux, Philippe Riutort, *La Politique sur un plateau : Ce que le divertissement fait à la représentation*, *op. cit.*

23. Les résultats suivants sont issus du codage de 16 interviews dans des émissions classiques, que ce soit à la radio ou à la télévision, un corpus de 16 interviews télévisées dans des émissions d'*infotainment* et un corpus issu des réseaux sociaux (13 comptes Facebook et Twitter ainsi que 9 vidéos issues de chaînes YouTube).

24. Cela corrobore les observations faites par Jacques Gerstlé et Alessandro Nai à propos de la communication électorale.

25. Un résultat venant confirmer certains travaux réalisés sur le sujet, par exemple ceux de Mattias Ekman et Andreas Widholm,

"Political Communication in an Age of Visual Connectivity: Exploring Instagram Practices among Swedish Politicians", *op. cit.*

26. Sanne Kruikemeier, Adam Shehata, "News Media Use and Political Engagement Among Adolescents: An Analysis of Virtuous Circles Using Panel Data", *Political Communication*, Vol. 34, N° 2, p. 221-242 : https://doi.org/10.1080/10584609.2016.1174760

27. Eli Pariser, *The filter bubble: What the Internet is hiding from you*, Penguin Books, 2012.

28. Paul F. Lazarsfeld, Bernard Berelson, Hazel Gaudet, *The People'S Choice: How the Voter Makes Up His Mind in a Presidential Campaign*, Columbia University Press, 1968 : https://doi.org/10.7312/laza93930

29. Shanto Iyengar, Kyu S. Hahn, "Red Media, Blue Media: Evidence of Ideological Selectivity in Media Use", *Journal of Communication*, Vol. 59 N° 1, 2009, p. 19-39 : https://doi.org/10.1111/j.1460-2466.2008.01402.x ; Silvia Knobloch-Westerwick, *Choice and preference in media use: Advances in selective exposure theory and research*, Routledge, 2015.

30. Pablo Barberá, John T. Jost, Richard Bonneau *et al.*, "Tweeting From Left to Right: Is Online Political Communication More Than an Echo Chamber?", *Psychological Science*, Vol. 26, N° 10, 2015, p. 1531-1542 : https://doi.org/10.1177/0956797615594620 ; R. Lance Holbert, R. Kelly Garrett, Laurel S. Gleason, "A New Era of Minimal Effects? A Response to Bennett and Iyengar", *Journal of Communication*, Vol. 60, N° 1, 2010, p. 15-34 : https://doi.org/10.1111/j.1460-2466.2009.01470.x

31. Matthew A. Baum, "Soft News and Political Knowledge: Evidence of Absence or Absence of Evidence?", *op. cit.* ;

Jody Baumgartner, Jonathan S. Morris, "The Daily Show Effect: Candidate Evaluations, Efficacy, and American Youth", *American Politics Research*, Vol. 34, N° 3, 2006, p. 341-367 ; Lindsay H. Hoffman, Tiffany L. Thomson, "The Effect of Television Viewing on Adolescents' Civic Participation: Political Efficacy as a Mediating Mechanism", *Journal of Broadcasting & Electronic Media*, Vol. 53, N° 1, 2009, p. 3-21 ; Solomon Messing, Sean J. Westwood, "Selective Exposure in the Age of Social Media: Endorsements Trump Partisan Source Affiliation When Selecting News Online", *Communication Research*, Vol. 41, N° 8, 2014, p. 1042-1063.

32. Jakob Ohme, Claes H. de Vreese, Erik Albaek, "The uncertain first-time voter: Effects of political media exposure on young citizens' formation of vote choice in a digital media environment", *New Media & Society*, Vol. 20, N° 9, 2018, p. 3243-3265 : https://doi.org/10.1177/1461444817745017

33. Sanne Kruikemeier, Guda Van Noort, Claes H. de Vreese, Rens Vliegenthart, "Getting closer: The effects of personalized and interactive online political communication", *European Journal of Communication*, Vol. 28, N° 1, 2013, p. 53-66 : https://doi.org/10.1177/0267323112464837

Chapitre 2
Instagram & Tiktok : de nouveaux défis pour la communication politique

1. Charlotte Belaïch, Sacha Nelken, « À gauche, François Ruffin revendique le "capitanat" du "Front populaire" », *Libération*, 10 juin 2024 : https://www.

liberation.fr/politique/a-gauche-francois-ruffin-revendique-le-capitanat-du-front-populaire-avec-ou-sans-lfi-20240610_ZMZPITV475HKJAK5M3V6QUZWSQ/

2. Harris Interactive, « Thème 2 – Les réseaux sociaux, pour le meilleur et pour le pire : Enquête 1/3 – Panorama des réseaux sociaux », *Les Zooms de l'Observatoire Cetelem 2023*, mai 2023 : https://harris-interactive.fr/wp-content/uploads/sites/6/2023/05/Rapport-Harris-Panorama-des-reseaux-sociaux-T2S1-Cetelem-zOOms-V2.pdf

3. IFOP, Fiducial, « Européennes 2024 – Sondage jour du vote : profil des électeurs et clés du scrutin », juin 2024 : https://www.ifop.com/wp-content/uploads/2024/06/DET-120537-Rapport-JDV-EUR24-10.06.2024.pdf

4. Manon Metz, Sanne Kruikemeier, Sophie Lecheler, "Personalization of Politics on Facebook: Examining the Content and Effects of Professional, Emotional and Private Self-personalization", *op. cit.*

5. Lasse Laustsen, Alexander Bor, "The Relative Weight of Character Traits in Political Candidate Evaluations: Warmth is More Important than Competence, Leadership and Integrity", *Electoral Studies*, Vol. 49, 2017, p. 96-107 : https://doi.org/10.1016/j.electstud.2017.08.001

6. Bernard Manin, *Principes du gouvernement représentatif, op. cit.*

7. Susan T. Fiske, Amy J. Cuddy, Peter Glick, "Universal Dimensions of Social cognition: Warmth and Competence", *Trends in Cognitive Sciences*, Vol. 11, N° 2, 2007, p. 77-83 : https://doi.org/10.1016/j.tics.2006.11.005

8. Alexander Bor, "Spontaneous Categorization along Competence in Partner and Leader Evaluations", *Evolution and Human Behavior*, Vol. 38, N° 4, 2017, p. 468-473 : https://doi.org/10.1016/j.evolhumbehav.2017.03.006

9. Wojciech Cwalina, Andrzej Falkowski, "Morality and Competence in Shaping the Images of Political Leaders", *Journal of Political Marketing*, Vol. 15, N° 2-3, 2016, p. 220-239: https://doi.org/10.1080/15377857.2016.1151121

10. Carl McCurley, Jeffery J. Mondak, "Inspected by #1184063113: The Influence of Incumbents' Competence and Integrity in U.S. House Elections", *American Journal of Political Science*, Vol. 39, N° 4, 1995, p. 864: https://doi.org/10.2307/2111660

11. Susan T. Fiske, Amy J. Cuddy, Peter Glick, "Universal Dimensions of Social Cognition: Warmth and Competence", *op. cit.*

12. Bernard Manin, *Principes du gouvernement représentatif*, *op. cit.*

SECONDE PARTIE
La crise de la représentation politique, une crise médiatique ?

Chapitre 3
L'influence du comportement médiatique sur la participation électorale

1. Élisabeth Algava, Kilian Bloch, « Vingt ans de participation électorale », INSEE, « INSEE Première », N° 1929, novembre 2022 : https://www.insee.fr/fr/statistiques/6658143

2. Vincent Tiberj, *Les citoyens qui viennent. Comment le renouvellement générationnel transforme la politique en France,*

op. cit. ; Vincent Tiberj, « Le Vote décentré ? Renouvellement générationnel et rapport à la participation électorale en France », *op. cit.* ; Vincent Tiberj, Florent Gougou, *La Déconnexion électorale. Un état des lieux de la démocratie française*, Fondation Jean-Jaurès, 2017.

3. Émiliano Grossman, Nicolas Sauger, *Pourquoi détestons-nous autant nos politiques ?, op. cit.*

4. Antoine Bristielle, *À qui se fier ? De la crise de confiance institutionnelle à la crise sanitaire, op. cit.*

5. Pascal Delwit, "The End of Voters in Europe? Electoral Turnout in Europe since WWII", *op. cit.*

6. Ronald Inglehart, *Culture Shift in Advanced Industrial Society*, *op. cit.*

7. Daniel Gaxie, *Le Cens caché. Inégalités culturelles et ségrégation politique*, *op. cit.*

8. Anne Muxel, *Avoir 20 ans en politique. Les enfants du désenchantement*, Seuil, 2010.

9. Vincent Tiberj, *Les citoyens qui viennent. Comment le renouvellement générationnel transforme la politique en France*, *op. cit.*

10. Pippa Norris, *A Virtuous Circle. Political Communications in Postindustrial Societies*, Cambridge University Press, 2000 : https://doi.org/10.1017/CBO9780511609343

11. On retrouve dans ce courant les travaux de Claes H. De Vreese, Hajo Boomgaarden, "News, Political Knowledge and Participation: The Differential Effects of News Media Exposure on Political Knowledge and Participation", *Acta Politica*, Vol. 41, N° 4, 2006, p. 317-341; Sangwon Lee, Michael Xenos, "Incidental News Exposure via Social Media and Political Participation: Evidence of Reciprocal Effects", *New Media & Society*, Vol. 24, N° 1, 2022, p. 178-201 : https://doi.org/10.1177/1461444820962121; Kenneth Newton, *Social*

and Political Trust, Oxford University Press, 2007 : https://doi.org/10.1093/oxfordhb/9780199270125.003.0018

12. Jay G. Blumler, Dennis Kavanagh, "The Third Age of Political Communication: Influences and Features", *Political Communication*, Vol. 16, N° 3, 1999, p. 209-230 : https://doi.org/10.1080/105846099198596

13. Anaïs Theviot, « Faire campagne sur YouTube : Une nouvelle "grammaire" pour contrôler sa communication et influer sur le cadrage médiatique ? », *Politiques de communication*, Vol. 2, N° 13, 2019, p. 67-96 : https://doi.org/10.3917/pdc.013.0067

14. Aurélien Le Foulgoc, *Politique et Télévision. Extension du domaine politique, op. cit.* ; Pierre Leroux, Philippe Riutort, *La Politique sur un plateau. Ce que le divertissement fait à la représentation, op. cit.*

15. Jody Baumgartner, Jonathan S. Morris, "The Daily Show Effect: Candidate Evaluations, Efficacy, and American Youth", *op. cit.*

16. Pascal Delwit, "The End of Voters in Europe? Electoral Turnout in Europe since WWII", *op. cit.* ; Pierre Martin, *Crise mondiale et systèmes partisans, op. cit.*

17. Comme on le constate sur ce graphique, la participation électorale a augmenté lors des européennes de 2019 et contredit ainsi la thèse de la baisse constante de la participation électorale hors élection présidentielle. Plusieurs facteurs conjoncturels peuvent néanmoins expliquer cette situation. D'une part, cette élection était la première après le début du mandat d'Emmanuel Macron et se trouvait par ailleurs dans la continuité du mouvement des Gilets jaunes qui avait particulièrement marqué le pays. D'autre part, le mode de scrutin avait été modifié en 2019, il n'existait plus qu'une seule circonscription en France, ce qui

avait contribué à donner à cette élection une portée nationale et donc favorisé l'intérêt et la participation.

18. Daniel Gaxie, Clémentine Berjaud, «Quand j'ai le *20 Minutes*, je vais directement: Horoscope», in *Les Sens du vote*, Presses universitaires de Rennes, 2016, p. 105-124.

19. Céline Braconnier, Jean-Yves Dormagen, *La Démocratie de l'abstention. Aux origines de la démobilisation électorale en milieu populaire*, *op. cit.*

20. Sidney Verba, Norman H. Nie, *Participation in America. Political Democracy and Social Equality*, University of Chicago Press, 1987.

21. Bernard Manin, *Principes du gouvernement représentatif*, *op. cit.*

22. Yascha Mounk, Roberto Stefan Foa, "The Signs of Deconsolidation", *Journal of Democracy*, Vol. 28, N° 1, 2017, p. 5-16.

23. Pippa Norris, "Is Western Democracy Backsliding? Diagnosing the Risks", *SSRN Electronic Journal*, 2017: https://doi.org/10.2139/ssrn.2933655

24. Anne Muxel, *Avoir 20 ans en politique. Les enfants du désenchantement*, *op. cit.*

25. Filip Kostelka, André Blais, "The Generational and Institutional Sources of the Global Decline in Voter Turnout", *World Politics*, *op. cit.*; Vincent Tiberj, *Les citoyens qui viennent. Comment le renouvellement générationnel transforme la politique en France*, *op. cit.*; Martin P. Wattenberg, "Electoral Turnout: The New Generation Gap", *British Elections & Parties Review*, Vol. 13, N° 1, p. 159-173: https://doi.org/10.1080/13689880308413092

26. Filip Kostelka, André Blais, Elisabeth Gidengil, "Has the Gender Gap in Voter Turnout Really Disappeared?", *West*

European Politics, Vol. 42, N° 3, 2019, p. 437-463 : https://doi.org/10.1080/01402382.2018.1504486

27. Pippa Norris, *A Virtuous Circle. Political Communications in Postindustrial Societies, op. cit.* ; Pippa Norris, *Democratic Deficit. Critical Citizens Revisited*, Cambridge University Press, 2011 : https://doi.org/10.1017/CBO9780511973383

28. Pippa Norris, *A Virtuous Circle. Political Communications in Postindustrial Societies, op. cit.*

29. Shelley Boulianne, "Twenty Years of Digital Media Effects on Civic and Political Participation", *Communication Research*, Vol. 47, N° 7, p. 947-966 : https://doi.org/10.1177/0093650218808186 ; Jennifer Oser, Shelley Boulianne, "Reinforcement Effects between Digital Media Use and Political Participation: A Meta-Analysis of Repeated-Wave Panel Data", *op. cit.*

30. Kevin K. Banda, Jason H. Windett, "Negative Advertising and the Dynamics of Candidate Support", *Political Behavior*, Vol. 38, N° 3, 2016, p. 747-766 : https://doi.org/10.1007/s11109-016-9336-x ; Joseph N. Cappella, Kathleen Hall Jamieson, "News frames, political cynicism, and media cynicism", *The Annals of the American Academy of Political and Social Science*, Vol. 546, N° 1, 1996, p. 71-84 ; Kurt Lang, Gladys E. Lang, "The Mass Media and Voting", *Reader in Public Opinion and Communication*, Vol. 2, 1966, p. 455-472 ; Lukas P. Otto, Sophie Lecheler, Andreas R. T. Schuck, "Is Context the Key? The (Non-)Differential Effects of Mediated Incivility in Three European Countries", *Political Communication*, Vol. 37, N° 1, 2020, p. 88-107 : https://doi.org/10.1080/10584609.2019.1663324 ; Franz Reiter, Jörg Matthes, "'The Good, the Bad, and the Ugly': A Panel Study on the Reciprocal Effects of Negative, Dirty, and Positive Campaigning on Political

Distrust", *Mass Communication and Society*, Vol. 25, N° 5, 2022, p. 649-672 : https://doi.org/10.1080/15205436.2021.1934702 ; Michael J. Robinson, "Public Affairs Television and the Growth of Political Malaise: The Case of 'The Selling of the Pentagon'", *American Political Science Review*, Vol. 70, N° 2, 1976, p. 409-432 ; Winfried Schulz, "Changes of Mass Media and the Public Sphere", *Javnost-The Public*, Vol. 4, N° 2, 1997, p. 57-69.

31. Markus Prior, "News vs. Entertainment: How Increasing Media Choice Widens Gaps in Political Knowledge and Turnout", *op. cit.*

32. Stephen Ansolabehere, Shanto Iyengar, *Going Negative. How Political Advertisements Shrink and Polarize the Electorate*, Free Press, 1997 ; Joseph N. Cappella, Kathleen Hall Jamieson, "News Frames, Political Cynicism, and Media Cynicism", *op. cit.* ; Neal Gabler, *Life the Movie. How Entertainment Conquered Reality*, Vintage Books, 2000 ; Franz Reiter, Jörg Matthes, "'The Good, the Bad, and the Ugly': A Panel Study on the Reciprocal Effects of Negative, Dirty, and Positive Campaigning on Political Distrust", *op. cit.*

33. Diego Garzia, Frederico Ferreira da Silva, Andrea De Angelis, *Leaders without Partisans. Dealignment, Media Change, and the Personalization of Politics*, ECPR Press, Rowman & Littlefield, 2021 ; Hermann Schmitt, Sara Hobolt, Sebsastian A. Popa, "Does Personalization Increase Turnout? *Spitzenkandidaten* in the 2014 European Parliament Elections", *European Union Politics*, Vol. 16, N° 3, 2015, p. 347-368 : https://doi.org/10.1177/1465116515584626

34. Jennifer S. Lerner, Dacher Keltner, "Fear, Anger, and Risk", *op. cit.* ; Pavlos Vasilopoulos, George E. Marcus, Nicholas A. Valentino, Martial Foucault, "Fear, Anger, and

Voting for the Far Right: Evidence From the November 13, 2015 Paris Terror Attacks", *op. cit.*; Jacques Gerstlé, Alessandro Nai, "Negativity, Emotionality and Populist Rhetoric in Election Campaigns Worldwide, and Their Effects On Media Attention and Electoral Success", *op. cit.*

35. Geoffrey Pleyers, Marlies Glasius, « La Résonance des "mouvements des places" : Connexions, émotions, valeurs », *op. cit.*

36. Ted Brader, "Striking a Responsive Chord: How Political Ads Motivate and Persuade Voters by Appealing to Emotions", *op. cit.*; Adam D. I. Kramer, Jamie E. Guillory, Jeffrey T. Hancock, "Experimental evidence of massive-scale emotional contagion through social networks", *Proceedings of the National Academy of Sciences*, Vol. 111, N° 24, 2014, p. 8788-8790 : https://doi.org/10.1073/pnas.1320040111

37. Stephanie Edgerly, Emily K. Vraga, Leticia Bode, Kjerstin Thorson, Esther Thorson, "New Media, New Relationship to Participation? A Closer Look at Youth News Repertoires and Political Participation", *Journalism & Mass Communication Quarterly*, Vol. 95, N° 1, 2018, p. 192-212 : https://doi.org/10.1177/1077699017706928 ; Jakob Ohme, Claes H. de Vreese, Erik Albaek, "The Uncertain First-time Voter: Effects of Political Media Exposure on Young Citizens' Formation of Vote Choice in a Digital Media Environment", *op. cit.*; Michael Xenos, Patricia Moy, "Direct and Differential Effects of the Internet on Political and Civic Engagement: Direct and Differential Effects of the Internet", *Journal of Communication*, Vol. 57, N° 4, 2007, p. 704-718 : https://doi.org/10.1111/j.1460-2466.2007.00364.x

38. Jennifer Oser, Marc Hooghe, Sofie Marien, "Is Online Participation Distinct from Offline Participation? A Latent Class

Analysis of Participation Types and Their Stratification", *Political Research Quarterly*, Vol. 66, N° 1, 2013, p. 91-101 : https://doi.org/10.1177/1065912912436695 ; Jennifer Oser, Shelley Boulianne, "Reinforcement Effects between Digital Media Use and Political Participation: A Meta-Analysis of Repeated-Wave Panel Data", *op. cit.* ; Kay Lehman Schlozman, Sidney Verba, Henry E. Brady, "Weapon of the Strong? Participatory Inequality and the Internet", *Perspectives on Politics*, Vol. 8, N° 2, 2010, p. 487-509 : https://doi.org/10.1017/S1537592710001210

39. Filip Kostelka, André Blais, "The Generational and Institutional Sources of the Global Decline in Voter Turnout", *World Politics, op. cit.*

40. Nous ne sommes néanmoins pas en mesure de déterminer, par la nature même de nos données, s'il s'agit d'un effet d'âge ou de générations.

41. James N. Druckman, Donald P. Green, James H. Kuklinski, Arthur Lupia, "The Growth and Development of Experimental Research in Political Science", *American Political Science Review*, Vol. 100, N° 4, 2006, p. 627 : https://doi.org/10.1017/S0003055406062514 ; James N. Druckman, Donald P. Green, James H. Kuklinski, Arthur Lupia, *Cambridge Handbook of Experimental Political Science*, Cambridge University Press, 2011 : https://doi.org/10.1017/CBO9780511921452 ; Pippa Norris, *A Virtuous Circle. Political Communications in Postindustrial Societies, op. cit.*

42. Erik C. Nisbet, Elizabeth Stoycheff, Kathy E. Pearce, "Internet Use and Democratic Demands: A Multinational, Multilevel Model of Internet Use and Citizen Attitudes About Democracy", *Journal of Communication*, Vol. 62, N° 2, 2012, p. 249-265 : https://doi.org/10.1111/j.1460-2466.2012.01627.x

43. Samuel J. Eldersveld, "Experimental Propaganda Techniques and Voting Behavior", *American Political Science Review*, Vol. 50, N° 1, 1956, p. 154-165 : https://doi.org/10.2307/1951603

44. James N. Druckman, Donald P. Green, James H. Kuklinski, Arthur Lupia, *Cambridge Handbook of Experimental Political Science*, *op. cit.*

45. Jennifer Oser, Shelley Boulianne, "Reinforcement Effects between Digital Media Use and Political Participation: A Meta-Analysis of Repeated-Wave Panel Data", *op. cit.*

Chapitre 4
Les réseaux sociaux créent-ils des électeurs pour les partis populistes ?

1. Frédéric Gonthier, « "On lâche rien." Les demandes populistes en 2022 : des préférences électorales consistantes et stables », *Revue française de science politique*, Vol. 72, N° 4, 2023, p. 515-538 : https://doi.org/10.3917/rfsp.724.0515

2. Gilles Ivaldi, « Quel match populiste pour la présidentielle de 2022 ? », Note de recherche, *Le Baromètre de la confiance politique*/Vague 13, CEVIPOF, Sciences Po, 2022.

3. Ernesto Laclau, *La Raison populiste*, *op. cit.* ; Cas Mudde, "The Populist Zeitgeist", *op. cit.*

4. Ernesto Laclau, *La Raison populiste*, *op. cit.* ; Ernesto Laclau, Chantal Mouffe, *Hegemony and Socialist Strategy. Towards a Radical Democratic Politics*, *op. cit.*

5. Robert A. Huber, Christian H. Schimpf, "On the Distinct Effects of Left-Wing and Right-Wing Populism on

Democratic Quality", *Politics and Governance*, Vol. 5, N° 4, 2017, p. 146-165 : https://doi.org/10.17645/pag.v5i4.919

6. Pierre Martin, *Crise mondiale et systèmes partisans*, *op. cit.*

7. Frédéric Gonthier, Tristan Guerra, "From the People, Like the People, or For the People? Candidate Appraisal Among the French Yellow Vests", *op. cit.* ; Herbert Kitschelt, "Popular Dissatisfaction with Democracy: Populism and Party Systems", in *Democracies and the Populist Challenge*, Palgrave Macmillan UK, 2002, p. 179-196 : https://doi.org/10.1057/9781403920072_10 ; Andrej Zaslove, Bram Geurkink, Kristof Jacobs, Agnes Akkerman, "Power to the People? Populism, Democracy, and Political Participation: A Citizen's Perspective", *West European Politics*, Vol. 44, N° 4, 2021, p. 727-751 : https://doi.org/10.1080/01402382.2020.1776490

8. Cas Mudde, "The Populist Zeitgeist", *op. cit.*

9. Pippa Norris, Ronald Inglehart, *Cultural backlash: Trump, Brexit, and the rise of authoritarian-populism, op. cit.*

10. Yann Algan, Sergei Guriev, Elias Papaioannou, Evgenia Passari, "The European Trust Crisis and the Rise of Populism", *Brookings Papers on Economic Activity*, 2017, p. 309-382 ; Gilles Ivaldi, « Populisme et choix électoral : Analyse des effets des attitudes populistes sur l'orientation du vote », *Revue française de science politique*, Vol. 68, N° 5, 2018, p. 847 : https://doi.org/10.3917/rfsp.685.0847 ; Cas Mudde, "The Populist Zeitgeist", *op. cit.* ; Matthijs Rooduijn, "The Nucleus of Populism: In Search of the Lowest Common Denominator", *Government and Opposition*, Vol. 49, N° 4, 2014, p. 573-599 : https://doi.org/10.1017/gov.2013.30

11. Toril Aalberg, *Populist Political Communication in Europe*, Routledge, 2017 ; Elena Block, Ralph Negrine, "The Populist Communication Style: Toward a Critical Framework",

International Journal of Communication, Vol. 11, N° 20, 2017 ; Jan Jagers, Stefaan Walgrave, "Populism as Political Communication Style: An Empirical Study of Political Parties' Discourse in Belgium", *European Journal of Political Research*, Vol. 46, N° 3, 2007, p. 319-345 : https://doi.org/10.1111/j.1475-6765.2006.00690.x

12. Claes H. de Vreese, Frank Esser, Toril Aalberg, Carsten Reinemann, James Stanyer, "Populism as an Expression of Political Communication Content and Style: A New Perspective", *The International Journal of Press/Politics*, Vol. 23, N° 4, 2018, p. 423-438 : https://doi.org/10.1177/1940161218790035

13. Sven Engesser, Nayla Fawzi, Anders Olof Larsson, "Populist Online Communication: Introduction to the Special Issue", *Information, Communication & Society*, Vol. 20, N° 9, 2017, p. 1279-1292 : https://doi.org/10.1080/1369118X.2017.1328525

14. Thierry Vedel, « Chapitre 5 — La Télévision, un vieux média qui ne meurt pas », in *Chroniques électorales*, Presses de Sciences Po, 2017, p. 101-114 : https://doi.org/10.3917/scpo.perri.2017.02.0101

15. Vincent Tiberj, Thierry Vedel, *Les Médias et l'Image des candidats : Une exploration des effets de la télévision*, Notes de recherche du CEVIPOF, Archives de Sciences Po Paris, 2007.

16. Caterina Froio, Bharath Ganesh, "The Transnationalisation of Far Right Discourse on Twitter: Issues and Actors that Cross Borders in Western European Democracies", *European Societies*, Vol. 21, N° 4, 2019, p. 513-539 : https://doi.org/10.1080/14616696.2018.1494295 ; Sebastian Stier, Nora Kirkizh, Caterina Froio, Ralph Schroeder, "Populist Attitudes and Selective Exposure to Online News: A Cross-Country Analysis Combining Web Tracking and Surveys", *The International*

Journal of Press/Politics, Vol. 25, N° 3, 2020, p. 426-446 : https://doi.org/10.1177/1940161220907018

17. Andreu Casero-Ripollés, Marçal Sintes-Olivella, Pere Franch, "The Populist Political Communication Style in Action: Podemos's Issues and Functions on Twitter During the 2016 Spanish General Election", *op. cit.*

18. Dominique Albertini, David Doucet, *La Fachosphère. Comment l'extrême droite a remporté la bataille d'Internet*, Flammarion, 2016.

19. Philippe J. Maarek, Arnaud Mercier, *2017, la présidentielle chamboule-tout. La communication politique au prisme du dégagisme*, L'Harmattan, 2018 ; Anaïs Theviot, « Faire campagne sur YouTube : Une nouvelle "grammaire" pour contrôler sa communication et influer sur le cadrage médiatique ? », *op. cit.*

20. Elena Block, Ralph Negrine, "The Populist Communication Style: Toward a Critical Framework", *op. cit.*

21. Mathieu Petithomme, « Le Discours médiatique du "populisme de gauche" : L'expérience de *La Tuerka* en Espagne », *Mots. Les langages du politique*, Vol. 121, 2019, p. 151-167.

22. Adam M. Enders, Joseph E. Uscinski, Michelle I. Seelig, Casey A. Klofstad, Stefan Wuchty, John R. Funchion, Manohar N. Murthi, Kamal Premaratne, Justin Stoler, "The Relationship Between Social Media Use and Beliefs in Conspiracy Theories and Misinformation", *Political Behavior*, Vol. 45, N° 2, 2023, p. 781-804 : https://doi.org/10.1007/s11109-021-09734-6 ; Yphtach Lelkes, Gaurav Sood, Shanto Iyengar, "The Hostile Audience: The Effect of Access to Broadband Internet on Partisan Affect, *American Journal of Political Science*, Vol. 61, N° 1, 2017, p. 5-20 : https://doi.org/10.1111/ajps.12237 ; Jennifer Oser, Shelley Boulianne, "Reinforcement Effects between Digital

Media Use and Political Participation: A Meta-Analysis of Repeated-Wave Panel Data", *op. cit.*

23. Bruce Bimber, *Information and American democracy. Technology in the Evolution of Political Power*, Cambridge University Press, 2003: https://doi.org/10.1017/CBO9780511615573; Kristoffer Holt, Adam Shehata, Jesper Strömbäck, Elisabet Ljungberg, "Age and the Effects of News Media Attention and Social Media Use on Political Interest and Participation: Do Social Media Function as Leveller?", *European Journal of Communication*, Vol. 28, N° 1, 2013, p. 19-34: https://doi.org/10.1177/0267323112465369

24. Shanto Iyengar, Kyu S. Hahn, "Red Media, Blue Media: Evidence of Ideological Selectivity in Media Use", *op. cit.*

25. Caterina Froio, Bharath Ganesh, "The Transnationalisation of Far Right Discourse on Twitter: Issues and Actors that Cross Borders in Western European Democracies", *op. cit.*; Mathieu Petithomme, « Le Discours médiatique du "populisme de gauche" : L'expérience de *La Tuerka* en Espagne », *op. cit.*

26. Claes H. de Vreese, Frank Esser, Toril Aalberg, Carsten Reinemann, James Stanyer, "Populism as an Expression of Political Communication Content and Style: A New Perspective", *op. cit.*; Sven Engesser, Nayla Fawzi, Anders Olof Larsson, "Populist Online Communication: Introduction to the Special Issue", *op. cit.*

27. Mattias Ekman, Andreas Widholm, "Political Communication in an Age of Visual Connectivity: Exploring Instagram Practices among Swedish Politicians", *op. cit.*; Manon Metz, Sanne Kruikemeier, Sophie Lecheler, "Personalization of Politics on Facebook: Examining the Content and Effects of Professional, Emotional and Private Self-personalization", *op. cit.*

28. Guillem Rico, Marc Guinjoan, Eva Anduiza, "The Emotional Underpinnings of Populism: How Anger and Fear Affect Populist Attitudes", *Swiss Political Science Review*, Vol. 23, N° 4, 2017, p. 444-461 : https://doi.org/10.1111/spsr.12261 ; Mikko Salmela, Christian von Scheve, "Emotional Roots of Right-wing Political Populism", *Social Science Information*, Vol. 56, N° 4, 2017, p. 567-595 : https://doi.org/10.1177/0539018417734419

29. Jennifer Oser, Shelley Boulianne, "Reinforcement Effects between Digital Media Use and Political Participation: A Meta-Analysis of Repeated-Wave Panel Data", *op. cit.*

30. Shanto Iyengar, Kyu S. Hahn, "Red Media, Blue Media: Evidence of Ideological Selectivity in Media Use", *op. cit.* ; Gregory J. Martin, Ali Yurukoglu, "Bias in Cable News: Persuasion and Polarization", *American Economic Review*, Vol. 107, N° 9, 2017, p. 2565-2599 : https://doi.org/10.1257/aer.20160812

31. Sebastian Stier, Nora Kirkizh, Caterina Froio, Ralph Schroeder, "Populist Attitudes and Selective Exposure to Online News: A Cross-Country Analysis Combining Web Tracking and Surveys", *op. cit.*

32. Mathieu Petithomme, « Le Discours médiatique du "populisme de gauche" : L'expérience de *La Tuerka* en Espagne », *op. cit.*

33. Nayla Fawzi, "Untrustworthy News and the Media as 'Enemy of the People'? How a Populist Worldview Shapes Recipients' Attitudes toward the Media", *The International Journal of Press/Politics*, Vol. 24, N° 2, 2019, p. 146-164 : https://doi.org/10.1177/1940161218811981 ; Anne Schulz, Werner Wirth, Philipp Müller, "We Are the People and You Are Fake News: A Social Identity Approach to Populist

Citizens' False Consensus and Hostile Media Perceptions", *Communication Research*, Vol. 47, N° 2, 2020, p. 201-226: https://doi.org/10.1177/0093650218794854

34. Elena Block, Ralph Negrine, "The Populist Communication Style: Toward a Critical Framework", *op. cit.*; Margaret Canovan, "Trust the People! Populism and the Two Faces of Democracy", *op. cit.*

35. Chloé Alexandre, Antoine Bristielle, Laura Chazel, *From The Front de gauche to La France insoumise: Causes and Consequences of the Conversion of the French Radical Left to Populism*, University of Salento, 2021 : https://doi.org/10.1285/I20356609V14I2P933 ; Bruno Cautrès, « Chapitre 9 — Mélenchon, "vainqueur caché" de la présidentielle ? » in *Chroniques électorales*, Presses de Sciences Po, 2017, p. 175-192: https://doi.org/10.3917/scpo.perri.2017.02.0175

36. Notons que l'expérience a été réalisée avant la rupture de François Ruffin avec La France insoumise.

37. Cas Mudde, "The Populist Zeitgeist", *op. cit.*; Matthijs Rooduijn, "The Nucleus of Populism: In Search of the Lowest Common Denominator", *op. cit.*

38. Vincent Tiberj, *Les citoyens qui viennent : Comment le renouvellement générationnel transforme la politique en France*, *op. cit.*

39. Agnes Akkerman, Cas Mudde, Andrej Zaslove, "How Populist Are the People? Measuring Populist Attitudes in Voters", *Comparative Political Studies*, Vol. 47, N° 9, 2014, p. 1324-1353: https://doi.org/10.1177/0010414013512600

40. Gilles Ivaldi, « Populisme et choix électoral : Analyse des effets des attitudes populistes sur l'orientation du vote », *op. cit.*

41. Frédéric Gonthier, « "On lâche rien." Les demandes populistes en 2022 : des préférences électorales consistantes et

stables», *op. cit.*; Gilles Ivaldi, «Populisme et choix électoral: Analyse des effets des attitudes populistes sur l'orientation du vote», *op. cit.*

Chapitre 5
L'influence des réseaux sociaux sur les attitudes complotistes

1. Jan-Willem Van Prooijen, André P. M. Krouwel, Thomas V. Pollet, "Political Extremism Predicts Belief in Conspiracy Theories", *Social Psychological and Personality Science*, Vol. 6, N° 5, 2015, p. 570-578: https://doi.org/10.1177/1948550614567356; Michael Wood, Karen M. Douglas, Robie M. Sutton, "Dead and Alive: Beliefs in Contradictory Conspiracy Theories", *Social Psychological and Personality Science*, Vol. 3, N° 6, 2012, p. 767-773: https://doi.org/10.1177/1948550611434786

2. Le ministère de la Santé est de mèche avec l'industrie pharmaceutique pour cacher au grand public la réalité sur la nocivité des vaccins; l'accident de voiture au cours duquel Lady Diana a perdu la vie est en fait un assassinat maquillé; les illuminati sont une organisation secrète qui cherche à manipuler la population; l'immigration est organisée délibérément par nos élites politiques, intellectuelles et médiatiques pour aboutir à terme au remplacement de la population européenne par une population immigrée; seule une poignée d'initiés est capable de décrypter les signes de complot qui ont été inscrits sur les billets de banque, les logos de marques célèbres ou des clips musicaux; il existe un complot sioniste à l'échelle mondiale; le trafic de drogue est

en réalité contrôlé par la CIA; le gouvernement américain a été impliqué dans la mise en œuvre des attentats du 11 septembre 2001 ; certaines traînées blanches créées par le passage des avions dans le ciel sont composées de produits chimiques délibérément répandus pour des raisons tenues secrètes; les Américains ne sont jamais allés sur la Lune et la NASA a fabriqué de fausses preuves et de fausses images de l'atterrissage de la mission Apollo sur la Lune.

3. Nous avons déjà consacré un ouvrage à la question du complotisme et un lecteur intéressé particulièrement par ce sujet pourra s'y référer: Antoine Bristielle, *Voyage en terres complotistes*, Fayard, 2022.

4. Franck Rebillard, « La Rumeur du PizzaGate durant la présidentielle de 2016 aux États-Unis: les appuis documentaires du numérique et de l'Internet à l'agitation politique », *Réseaux*, Vol. 2, n° 202-203, 2017, p. 273: https://doi.org/10.3917/res.202.0273

5. Karen M. Douglas, Joseph E. Uscinski, Robie M. Sutton, Aleksandra Cichocka, Turkay Nefes, Chee Siang Ang, Farzin Deravi, "Understanding Conspiracy Theories", *Political Psychology*, Vol. 40, N° S1, 2019, p. 3-35: https://doi.org/10.1111/pops.12568

6. Du 28 mai au 6 juin 2020, un lien menant à un questionnaire hébergé sur la plateforme *Qualtrics* a été posté à intervalles réguliers sur les différents groupes Facebook soutenant le Pr Raoult. Du 10 août au 19 août 2020, nous avons répliqué la même méthodologie d'enquête, mais cette fois-ci sur les groupes Facebook anti-masque.

Chapitre 6
Les réseaux sociaux, à l'origine d'une société de plus en plus polarisée ?

1. Jérôme Fourquet, *L'Archipel français*, Seuil, 2019.
2. CEVIPOF, *Enquête électorale française 2022*, vague 6, mars 2022.
3. Maren Beaufort, “Digital Media, Political Polarization and Challenges to Democracy”, *Information, Communication*, Society, Vol. 21, N° 7, 2018, p. 915-920 : https://www.tandfonline.com/doi/full/10.1080/1369118X.2018.1451909
4. Eli Pariser, *The filter bubble: How the new personalized web is changing what we read and how we think*, Penguin, 2011.

Annexes

1. Les abréviations utilisées sont les suivantes : RDLS (Revue de la semaine), BDR (Bulletin de Ruffin), Tw (Twitter), F (Facebook), ONPC (*On n'est pas couché*), AT (*Au tableau*), Q (*Quotidien*), LT (*Les Terriens du dimanche*).
2. L'ACP présente 75 % de l'information sur les deux axes du graphique 2, soit un score très élevé. La part de variance expliquée diminuant fortement après le deuxième facteur, nous ne retenons donc que deux axes dans notre analyse (méthode du coude). L'axe horizontal contient 41 % de l'information et l'axe vertical 34 %. Le premier axe ne contient donc pas une quantité d'informations extrêmement plus importante que le second, une condition indispensable pour ne pas mésinterpréter les résultats de l'ACP.

3. Shanto Iyengar, "Framing Responsibility for Political Issues: The case of poverty", *Political Behavior*, Vol. 12, N° 1, 1990, p. 19-40 : https://doi.org/10.1007/BF00992330 ; Thomas E. Patterson, *Out of Order, op. cit.* ; Peter Van Aelst, Jesper Strömbäck, Toril Aalberg, Frank Esser, Claes de Vreese, Jorg Matthes *et al.*, "Political Communication in a High-choice Media Environment: A Challenge for Democracy?", *op. cit.*

4. Jacques Gerstlé, Alessandro Nai, "Negativity, Emotionality and Populist Rhetoric in Election Campaigns Worldwide, and their Effects on Media Attention and Electoral Success", *op. cit.*

5. Manon Metz, Sanne Kruikemeier, Sophie Lecheler, "Personalization of Politics on Facebook: Examining the Content and Effects of Professional, Emotional and Private Self-personalization", *op. cit.*

Remerciements

Ce livre est en grande partie issu de ma thèse de doctorat et je tiens donc évidemment à remercier en premier lieu Jacques Gerstlé et Simon Persico, mes deux directeurs de thèse, pour tous les conseils qu'ils m'ont prodigués au fil des ans.

Je remercie également vivement Damien Bergeret, Diane Feyel et Léa Souquet-Basiège, mes éditeurs chez Fayard, pour leur confiance, leur bienveillance et leur accompagnement sur chacun de nos projets.

Un grand merci à plusieurs collègues de la recherche : Émilien Houard-Vial – le coach – à qui ce livre doit beaucoup –, Tristan Guerra – le partenaire de toutes les idées –, Vincent Tiberj – la source d'inspiration constante.

Ces années m'auront aussi permis de faire de nombreuses rencontres enrichissantes en dehors du monde de la recherche. Un remerciement particulier à tous les copains de *Backseat*, à Laurent, Gilles, Jérémie et Eugénie – la fine équipe de la Fondation Jean-Jaurès, à François-Xavier Demoures, Philippe J.J. Kohler, Aurélie Jean, Frédéric Dabi, Wilfrid Pailhès, Nicolas Navarro, Fabienne Goarzin, Renaud Large...

Merci également à tous mes amis pour leur soutien : Antoine, François, Sébastien, Valentin, Hélène, Mary, Clément... J'ai également une pensée pour Stéphanie et Laurent. Leur accueil à Valcros aura permis l'écriture de nombreuses pages de ce livre.

Je tiens à remercier Yveline et Gilbert, ma marraine et mon oncle, pour leurs conseils et leur bienveillance.

Évidemment, j'ai une pensée toute particulière pour Clara, pour sa gentillesse, son soutien et sa présence, pour tous les rires que nous avons partagés, pour toutes les situations improbables que nous avons déjà vécues et pour tout ce chemin que nous avons désormais à faire ensemble.

Remerciements

Je remercie très fortement mes grands-parents de m'avoir accompagné et soutenu pendant toutes ces années. Évidemment, je remercie mes parents pour leur soutien et pour m'avoir toujours poussé à me dépasser et sans cesse encouragé à suivre le chemin qui me correspondait.

Table des matières

PREMIÈRE PARTIE
Comment les médias déterminent la communication politique

SECONDE PARTIE
La crise de la représentation politique, une crise médiatique ?

Table des matières

Composition réalisée par Belle Page

Cet ouvrage a été imprimé en France par
CPI Bussière
Z.I. rue Pelletier Doisy
18200 Saint-Amand-Montrond (France)

pour le compte des Éditions Fayard
13 rue du Montparnasse, 75006 Paris
en octobre 2024

PAPIER CERTIFIÉ

fayard s'engage pour l'environnement en réduisant l'empreinte carbone de ses livres. Celle de cet exemplaire est de : 550 g éq. CO_2
Rendez-vous sur www.fayard-durable.fr

N° d'édition : 38-4603-6/01 - N° d'impression : 2079509